NOTES HISTORIQUES

sur la

PAROISSE DE CUBELLES

Près SAUGUES (Hte-Loire)

TIRAGE A CENT EXEMPLAIRES

LE PUY

IMPRIMERIE CATHOLIQUE A. PRADES-FREYDIER

PLACE MICHELET

—

1901

NOTES HISTORIQUES

SUR LA

PAROISSE DE CUBELLES

près SAUGUES (Hte-Loire)

TIRAGE A CENT EXEMPLAIRES

LE PUY
IMPRIMERIE CATHOLIQUE A. PRADES-FREYDIER

PLACE MICHELET

1901

NOTES HISTORIQUES

SUR LA

PAROISSE DE CUBELLES

Près SAUGUES (Hte-Loire)

____

I. — CUBELLES AVANT LA RÉVOLUTION

La petite paroisse de Cubelles, à 960 mètres d'altitude, s'étale au nord de la commune de Saugues, et confine d'autre part anx paroisses de Champels, Charaix et Venteuges. Avec ses quatorze villages ou hameaux : Cubelles, Langlade, Sauvangh, Fô, Besseget, Védrinette, le Fraysse. la Pénide, la Loubeyre, Cubizolles, le Mont et les moulins de Beurnette, de Fô et de Solrecoux, elle ne compte aujourd'hui que 412 habitants.

1° Cubelles et l'abbaye des Chazes.

C'est un nom singulier que son nom primitif : *Coblelas* (1), dont on a fait *Cubelles*, et son diminutif *Coblesolas*, dont on a fait Cubisolles, — ce dernier porté par nombre de familles du lieu ou des environs. — Les savants ne manqueraient pas d'y trouver de lumineuses significations : nous ne les chercherons pas.

Nous ne savons par qui, ni à quelle époque fut fondée, sous le vocable de saint-Hilaire, la paroisse de Cubelles.

____

(1) Le glossaire de Du Cange, ne donne aux mots *Coble* et *Cobesselle*, aucune signification qui puisse être appliquée au cas échéant.

Dans le plus ancien document que l'on rencontre intéressant cette localité, noble sire Bermundus de Salgue vend à l'abbaye de Pébrac deux setiers seigle et un d'avoine, plus sept sols de rente qu'il perçoit annuellement à Solrecoux, pour la somme de 400 sols. L'acte est passé à Pébrac, l'an 1233, aux environs de la fête de la Purification (1).

Le prieuré de Cubelles, comme celui de Venteuges d'ailleurs, appartenait à l'abbaye des Chazes, ainsi que la nomination à la cure de saint Hilaire de Cubelles.

A quelle époque remontait l'annexion de ce prieuré à l'abbaye des Chazes, et par qui avait-elle été faite ? Il est difficile de le savoir.

Il est toutefois permis de conjecturer que les seigneurs de Mercœur ne furent pas étrangers à cette annexion qui avait pour but de favoriser la prospérité du monastère.

La terre de Cubelles, comme le mandement de Salgue, dépendait des seigneurs de Mercœur. Ceux-ci donnaient aux abbayes bénédictines de la région d'incessants témoignages de bienveillance. N'avaient-ils pas fondé sur leurs terres le monastère de la Volte (Lavoûte), et peut-être lui avaient-ils concédé ou fait obtenir le droit de nomination à la cure de Salgue, ainsi que les trois prébendes claustrales dont il jouissait ? Par suite, peut-être encore ne furent-ils pas étrangers à la concession de ce prieuré de Cubelles, sis dans leur seigneurie, en faveur de l'abbaye des Chazes ?

Bien que les seigneurs de Peyre, à raison de la succession des biens de Pons de Douchanès (1281) y eussent quelques possessions (2), la terre de Cubelles, relevait des seigneurs de Mercœur, dauphins d'Auvergne.

(1) Cartul. de Pébrac, *Tabl. du Velay*, t. V. p. 185, Payrard.

(2) La communauté des prêtres et clercs de Salgue fait hommage aux seigneurs Astorge et Aldebert de Peyre de tout ce qu'elle possède aux lieux de Fó, du mas de Coblesolas, confrontant avec la Lobeyre et la rivière de Sojha (Seuge), dans la paroisse de Cubelles, 4 mars, 1315. (Archiv. de saint-Médard, n° 111).

En 1358, Beraud II, dauphin d'Auvergne et comte de Clermont, à raison de son mandement de Salgue, reçoit personnellement, de Hugues Assety, de Salgue, une reconnaissance au sujet du Mas Berald, et de ses dépendances, dans la penderie de Coblelas, vers la Seuge (1).

A cause de cette dépendance de la seigneurie de Mercœur, Cubelles, dans le cours des temps, subit au point de vue judiciaire, les mêmes fluctuations que le mandement de Salgue.

Dépendant d'abord de la sénéchaussée de Nimes et Beaucaire, et du parlement de Toulouse, ce lieu fut rattaché à la sénéchaussée d'Auvergne et au Parlement de Paris, en septembre 1554, et depuis lors jusqu'à la Révolution, ne cessa de relever de cette dernière juridiction.

Cette subordination de la paroisse de Cubelles à l'abbaye des Chazes avait un triple effet.

En premier lieu l'abbesse nommait une prieure à Cubelles, et le titulaire à la cure.

En second lieu, cette prieure nommée, avec une compagne qui lui était désignée venait habiter dans son prieuré, « où elle vivait en faisant le service « divin sous la règle des Chazes, et sous la juridic- « tion de l'abbesse qui allait annuellement les vi- « siter (2). »

On connait deux prieures de Cubelles, Marguerite de Talhac vers 1400, et Magdeleine de Langeac.

En souvenir de celle-ci un usage singulier existait dans l'abbaye des Chazes :

« Saint Hilaire. »

« Ce jour là chaque dame prendra aux annuels, « en raison de la mort de Magdeleine de Langeac, « prieure de Cubelles, chair fraîche et chair « salée (3). »

<hr>

(1) Arch. de St-Méd.

(2) Branche. *Monast. d'Auverg.* p. 311-312.

(3) « Saint-Illary. »

« Haquel jour prendront chacune dona a las anouls per l'obit de Magdanela de Langeac prioressa de Cubelles, char freiche, embei char salada ». (Ibid. p. 314).

L'auteur traduit Saint Illary par Saint Allyre ; ne seroit-ce pas plutôt Saint Hilaire, patron de la paroisse de Cubelles ?

En troisième lieu, le monastère percevait des dîmes sur une certaine étendue du territoire de la paroisse.

Vers la fin du XIV⁰ siècle, Béatrice de Vergezac qui avait été prieure de Venteuges, fut élue abbesse des Chazes.

« Peu charmée du souvenir qu'elle avait emporté de son séjour en cette paroisse, elle adresse à l'évêque de Mende la requête suivante :

« Les prieurés de Venteuges et de Cubelles dé-
« pendant de l'abbaye des Chazes, doivent être
« desservis par une prieure et une sœur à la nomi-
« nation de l'abbesse, et les desservantes y doi-
« vent résider. Mais les revenus ne s'élèvent pas à
« 10 livres tournois ; du reste lesdits prieurés ne
« sont guère distants de la dite abbaye de plus
« d'une lieue et sont situés dans une région monta-
« gneuse et déserte où les religieuses courent les
« plus grands dangers. D'ailleurs depuis la nomi-
« nation récente de la prieure de Venteuges à la
« charge d'abbesse des Chazes, il a été impossible
« de lui trouver une remplaçante ; enfin, le petit
« nombre de religieuses ne permet pas d'en entre-
« tenir deux autres au dehors. En conséquence, il
« serait bon d'unir les dits prieurés à l'abbaye. »

« L'évêque de Mende, Robert (de Bosc), après
« une enquête, prononce l'union de ces deux béné-
« fices de Venteuges et de Cubelles, à l'abbaye des
« Chazes, à la condition que l'abbesse servira dé-
« sormais aux évêques de Mende, une livre de cire
« chaque année, 29 mars 1402. » (1)

L'abbesse des Chazes conserva toujours son droit de présentation à la cure de Saint Hilaire de Cubelles et les dîmes usitées dans la paroisse que l'on prélevait sur la douzième gerbe seulement, à cause de la pauvreté du sol.

Sur ces dîmes, elle était chargée de payer la portion congrue du curé, les réparations indispensables à l'Eglise, comme aussi une partie de l'entretien et des dépenses afférentes aux ornements et aux choses nécessaires pour le culte divin.

(1) *Notes historiques sur Venteuges*, F. Fabre p. 24.

Elle donnait de plus six cartons au sacristain et en faisait chaque année distribuer quelques autres aux pauvres, dont le nombre variait, suivant les époques d'abondance ou de pénurie.

Ces dîmes étaient quelquefois l'occasion de litiges et de contestations :

« Par devant Géraud de Lestrade, clerc et notaire en la curie de Langeac, entre nobles religieuses Marie de Langeac, abbesse du monastère des Chazes, ordre de Saint Benoit, diocèse de Saint Flour, Marguerite d'Arlenc, prieure, Isabelle de Langeac, sacristaine, Catherine de Rochefort, Catherine de Crestis, Gabrielle du Mas, Marguerite de Margeride, procureuse, Agnès de Margeride, sa sœur, Genta de Diane, Gabrielle de Montgranat, Catherine d'Arlenc, Marguerite de Queyrière, Jaquette de Crestis, Gaya de la Roche, Catherine du Trémoul, composant la communauté des Chazes, d'une part et Nicolas Molin, prêtre curé ou vicaire perpétuel de l'Eglise paroissiale Saint Hilaire de Cubelles, Vital Lobeire, Pierre Coston, Barthelemy Cubizolles, Jean Marcellin, paroissiens dud Cubelles et procureurs de la majorité de cette même paroisse, d'autre part, a été fait l'accord suivant :

« Les dites religieuses, à raison de la possession du prieuré de Cubelles, prétendaient avoir le droit de lever la dime sur les blés et les fruits croissant sur toutes les terres de la paroisse.

« Mais le luminier de la dite paroisse, et tous les paroissiens avec lui, soutenaient qu'en vertu d'une donation jadis faite au luminaire de l'Eglise de Cubelles par les seigneurs d'Umbret (Ombret) ils avaient et possédaient depuis longtemps le droit de lever la dime sur certaines terres stipulées dans la donation, et cela depuis un temps immémorial. »

« Pour prévenir désormais tout débat et tout litige il fut convenu que le luminier percevrait toute la dime sur les terres comprises dans la délimitation suivante : En partant de la Gazelle (1) de la Lou-

______

(1) « Gazelle » doit signifier probablement un pli de terrain ou un petit vallon.

beire, on descend jusqu'à la rivière de Seuge, puis remontant cette rivière jusqu'à la gazelle dite de Bertonesche, de cette même gazelle de Bertonesche on suit la route qui va de la Loubeire jusqu'à la première gazelle dénommée. »

« Et cela sans préjudice du carton de seigle que le luminaire percevait annuellement sur Vital Cubizoles de Cubizolles, à raison de la moitié de la dime qu'il avait sur certain champ dans ces appartenances... »

« Fait en présence de Vital Mathieu, curé de Varennes, diocèse du Puy, Pons Gautier, prêtre des Chazes, Jean Gautier et Georges Pomier du même lieu, le 21 août 1464. (1). »

II. — Les Prêtres de Cubelles.

Dans ces petites localités où ne fonctionnait aucun pouvoir public, où n'existait encore aucune autorité constituée, la vie sociale se manifestait surtout sous la forme religieuse et avait son centre à l'église. Les prêtres, en l'absence de familles nobles, étaient donc les premiers personnages du lieu, et c'est faire l'histoire de cette époque que parler du clergé de ces temps là.

Plusieurs prêtres s'employaient au service de la paroisse, bien que ce ne fut point pour chacun au même titre ni au même degré. — Cette pluralité était due aux fondations nombreuses et aux messes diverses fixées pour chaque jour, qui exigeaient la présence simultanée de plusieurs ecclésiastiques.

Il y avait encore là cette sorte d'association implicite, avec des proportions plus restreintes toutefois que l'on retrouve dans les paroisses voisines : Saugues, Venteuges, Grèzes, Thoras, Chanaleilles et Monistrol.

Les documents ne permettent pas de la suivre avant la fin du XVI° siècle, et vers le milieu du XVIII°, les fondations et les messes diminuées ne

---

(1) Archives de la fabrique de Cubelles.
Un extrait en fut délivré par « noble dame Félicité « de Framont, procureuse, à M. Christophe Ranc, prê- « tre et curé de Cubelles, le 21 juillet 1774. »

s'acquittent plus que par un seul ou par deux prêtres au plus.

Elle comptait quelquefois trois prêtres, quelquefois aussi deux seulement.

Le premier était le curé, chargé officiellement du
service de la paroisse par l'autorité diocésaine, le
second prenait le titre de sacristain (1). Le troisième
ne portait aucun qualificatif. Quelquefois celui-ci
était en outre pourvu d'un bénéfice sis à proximité:
ainsi en 1661 Antoine Domaison est prieur de N.D.
des Tours.

Les pouvoirs des prêtres secondaires, autant
qu'on peut le conjecturer par le procès-verbal de
visite de 1627, étaient limités pour un temps dé-
terminé, et aux synodes échéants leurs lettres d'approbation devaient être renouvelées.

Est-il besoin de dire que la subsistance de ces
prêtres, en outre de la portion congrue assignée au
curé, se tirait des revenus assurés par les fondations
faites, joints aux ressources éventuelles que procu-
raient les services funèbres et les dons pieux qui
les suivaient invariablement? En ces époques de
foi vive, on appelait aux sépultures un nombreux
clergé, et l'on ne testait point, ainsi qu'il sera dit
plus loin, sans laisser un ou plusieurs trentenaires
au clergé de la paroisse.

Ici se retrouve également, plus nettement carac-
térisée qu'ailleurs, cette exclusion par le fait, soit
de l'association, soit de la cure, des prêtres étrangers à la paroisse. Depuis 1589, c'est-à-dire aussi
loin que les registres en permettent la constatation,
les associés et les curés semblent tous indigènes.
Bien plus, la cure elle-même, pendant près d'un
siècle ne sort pas de la famille Médard, qui semblait s'en être fait un fief. Les Médard, en effet,
d'oncle à neveu, par résignations successives, se la
passaient sans intermittence. Cette résignation en
faveur d'un autre, bien qu'elle ne constituât point
un droit absolu, était cependant regardée comme

(1) Cubelles est la seule paroisse de cette région où
nous ayons rencontré cette dénomination de prêtre
sacristain.

un titre dont tenaient compte les abbesses des Chazes, lorsqu'il s'agissait de pourvoir à la vacance du bénéfice.

Cette exclusion par le fait des prêtres étrangers existait-elle en droit, c'est-à-dire d'après les règlements de cette petite communauté ? Il est difficile de l'affirmer. Nous voyons, en effet, au début de la Révolution, Vital Teissier, originaire de Sanis, paroisse de Vabres, occuper la cure de Cubelles. Sans doute, il devait être dérogé à cet usage, en l'absence de prêtres indigènes.

Ceux-ci, d'autre part, allaient au dehors, occuper divers bénéfices : Médard Médard, du Mont, était curé de Vabres avant 1728.

On retrouve le nom de quelques curés de Saint-Hilaire de Cubelles :

I. — *Barthélemy Combaud*, 25 juillet 1342.

Il teste à cette date ; il dut faire un legs à Saint-Médard de Salgue, puis qu'un inventaire signale une copie de son testament possédée autrefois par la Communauté des prêtres et clercs de cette église.

II. — *Etienne Farghon.*

III. — *Jean Maurin.* Celui-ci est présenté à la cure de Cubelles, en remplacement du précédent, décédé, par Marguerite de Prunet, abbesse des Chazes, le 7 août 1391 (1).

IV. — *Nicolas Molin*, 21 août 1461, signalé dans le document déjà cité intéressant le luminaire.

V. — *Nadal*, 14 mars 1589. Il était originaire de Langlade en cette paroisse.

VI. — *Jean Marcellin*, curé de 1601 à 1638, était originaire de Besseget.

« Le... octobre 1638, j'ay ensevelli Mre Jehan
« Marcellin jadis curé, muni de tous les sacremens
« et a donné une obligation à Mrs les prestres de
« lad esglize » (2).

Jean Couston prêtre, était alors sacristain, puis ce fut Jean Médard en 1626.

VII.— *Vidal Médard*, du Mont, en cette paroisse.

(1) Archives de la Lozère.
(2) Registre de Cubelles.

Ses registres commencent ainsi : « C'est le livre
« des sépultures de la paroisse de Cubelles fait par
« moy soubsigné depuys ma prize de possession qui
« fust le quatriesme octobre 1638. Médard, curé. »

« Je prye tous ceux-là qui auront recourds à
« mondit registre de dire un *Pater* et un *Ave*
« *Maria* pour mon asme s'il vous plaict. »

« Le sieur curé, Vidal Médard, aagé de 48 ans,
« qui a esté une fois à Rome et avoit les titres
« d'attestation de votre Grandeur, cette année
« saincte pour y retourner » (1).

Il résigne en 1674 et devient sacristain. Une fin
malheureuse l'attendait deux ans plus tard.

« Le 2 août 1676, est décédé Vidal Médard,
prêtre sacristain, et jadis curé de Cubelles qui a
esté assassiné par Anthoine Mezard de Prades d'un
coup de pistolet sur le grand chemin de Saugues,
auquel j'ay donné l'absolution me donnant marques
..... a donné 15 livres de rante pour faire brûler la
lampe au-devant du Saint-Sacrement avec le grand
calice d'argent. J Médard » (2).

Les prêtres sociétaires qui se sont succédé en
cette période se nommaient :

Jean Pomier, sacristain, 1638.

Antoine Domaison.

Jean Boissier, sacristain, 1660.

Joseph Médard.

Cubizolles, prêtre et sacristain, 1669.

VIII. — *Jean Médard*, 1674. Le 17 octobre 1712,
il résigne sa cure en faveur d'autre Jean Médard,
prêtre et déjà sacristain de Cubelles. Les témoins
de cet acte sont J. Médard, sacristain ; Couston
prêtre et Pomier.

Les sociétaires sucessifs sont :

Michel Médard, 1675.

Guillaume Cubizolles, sacristain, du lieu de Cubizolles, 1696.

Pierre Couston, prêtre-sociétaire, puis sacristain,
décédé le 19 décembre 1740, à l'âge de 91 ans.

(1) Procès-verbal de visite de 1650. Société des scien-
ces et des lettres du Puy, p. 29. Ad. Lascombe.
(2) Reg. de Cubelles.

IX. — *Jean Médard*, 1712, fut enterré le 24 décembre 1722.

X. — *De Bénistant*. 1722-1745. M. de Bénistant, de la famille des Auzerand de Bénistant, seigneurs du Luchadou, était originaire du Fraysse en cette paroisse.

Les registres qu'il a laissés constituent un curieux répertoire de décès étrangers à la localité, dont il sera parlé ailleurs.

En 1741 et jusqu'en 1744, les actes de catholicité sont en partie signés par Vigouroux, prêtre. En ce moment, il n'est plus question de sociétaires.

M. de Bénistant vend à J. Conte du Fraysse, le pré de la Naute et le champ de la Chaussade, moyennant 15 livres de rente annuelle, 1er septembre, 1726 (1).

XI. — *Christophe Ranc.* Il est mis en possession de la cure en novembre 1748, par suite de la démission de son prédécesseur qui passe à Cubelles les dernières années de sa vie.

Le 24 juillet 1774, il demande à l'évêque de Mende de vouloir bien autoriser M. Richard, prêtre. qui quitte Thoras pour venir habiter Cubelles. « J'ai trouvé une fondation portant de chanter « tous les dimanches de l'année à l'issue de la « grand-messe les litanies de la sainte Vierge, et « cela au cimetière... ce qui m'est impossible, « après avoir fait le prône, dit la grand-messe et « confessé depuis l'aurore étant seul... (2). »

L'approbation désirée lui est donnée par M. de Bruges, vicaire général de Mende ainsi que la permission de chanter *à voix basse les susdites litanies* de la sainte Vierge.

XII. — *Vital Teissier* de Sanis, paroisse de Vabre, signe les registres en qualité de curé à dater du 5 juillet 1790. Il habitait à Cubelles depuis 1787, où il bénit les mariages et signe aux registres conjointement avec Christophe Ranc, toujours curé. dont il était peut-être le vicaire auxiliaire. Durant la période révolutionnaire, comme on le verra plus loin, il conserva, tout en se cachant, la direction de

(1 et 2) Ibid.

sa paroisse, et put ainsi franchir sans encombre ces heures tourmentées.

Dans les registres qui ont survécu, on voit défiler comme témoins aux mariages ou comme parrains aux baptêmes, le nom des prêtres de tout le voisinage ainsi que celui d'un certain nombre de religieux de Pébrac (1).

III. — Fondations et Communes pieuses.

Les fondations faites en l'église de Saint Hilaire de Cubelles n'offrent aucun caractère liturgique particulier, et ne sortent point de la banalité des fondations ordinaires. Il est donc difficile de jeter quelque intérêt, ou même seulement de la variété dans la nomenclature monotone qui va en être faite.

En 1545, Jeanne Martin fonde un obit pour le jour de Saint Lazare, au prix de 15 sols annuels.

Vital Lobeyre une messe haute le jour de Saint Georges au capital de 6 livres ; Pierre Lobeyre du Mont une messe le 15 août et Catherine Paparic une autre la veille de l'Ascension. etc. (2)

En 1546, il y a une messe fondée par Vital Pomier, le jour de tous les saints, au prix de 5 sols, par Pierre Pomier pour le dimanche de Quasimodo, par Jeanne Anglade pour le 1er dimanche de février, etc. etc. Gaspard Pomier fonde 3 messes en haut « aux festes de transfiguration, purification et saint estienne de Noël (3).»

En 1547, Alix Nadal lègue 17 livres pour la fondation d'une messe le premier mardi de chaque mois.

On trouve encore signalée une messe haute la fête de la sainte Epine « et le jour des cinq playes ».

Jean Pomier, prêtre et sacristain fonde « trois « messes en hault, 1º le dimanche après la Pente- « côte, 2· le jour de l'assumption, 3· la feste de « saint Jean-Baptiste, et de plus donne 10 livres « pour 40 messes, 28 may, 1651. (4) »

---

(1) En 1669, R. P. Gouriet, faisant la cure de Pébrac,
      1671, R.P. Hespérude, prieur et curé de Pébrac.
      1687, R.P. Levesque,   id.
      1701, R. P. de Chavigne de Pébrac.
(2, 3, 4) Registre des fondations de Cubelles.

On ne peut citer toutes les messes fondées, la liste en serait trop longue.

Agnès Rongeyron du Fraysse veut que l'on chante à perpétuité chaque dimanche, sur son tombeau au cimetière, les litanies de la sainte Vierge, immédiatement après la grand-messe, au prix de cinq livres annuelles, 6 juillet 1676.

Le dernier janvier 1677, Jeanne Gibert femme de Médard Aldon de Cubelles fait une fondation semblable. (1)

Anthoinette Page de Fô, a fondé les Vêpres aux fêtes de la Purification et de l'Annonciation, et Chassefeyre, de Fô également, le jour de l'Assomption et de la Nativité de la sainte Vierge.

Jeanne Pomier de Cubelles a fondé Vêpres le premier dimanche de chaque mois au revenu de 5 livres.

Enfin Jeanne Torrent du Mont fonde la procession de l'Ouradou et Vêpres de la Croix au prix de 10 sols annuels.

Cette procession de l'Ouradou qui a survécu à toutes les révolutions, se fait encore aujourd'hui, nonobstant la suppression de la fondation.

Deux fois par an, le 15 août et le premier dimanche d'octobre, fête du Saint Rosaire, à l'issue des Vêpres, le curé accompagné de l'enfant de chœur et d'une nombreuse assistance, se dirige processionnellement, la croix en tête, vers un emplacement qu'on appelle l'Ouradou. Arrivé là, en face de la chapelle vénérée de N. Dame d'Estours, dont il est séparé par cet abîme infranchissable que forment en ce lieu les berges tourmentées de la Seuge, il récite trois Ave Maria, l'Inviolata avec l'oraison consécutive et s'en revient à l'Eglise.

On sait que ces fondations s'établissaient quelquefois par un capital une fois versé, mais plus souvent par une rente constituée sur différentes personnes qui la passaient à leurs héritiers et ceux-

(1) Min. de Limanhes not. 1677.
Ce chant des litanies sur les tombeaux était fréquemment demandé dans la paroisse de Thoras, de 1650 à 1700, mais pour l'année seulement qui suivait le décès.

ci à d'autres indéfiniment. Aussi, soit par le morcellement des héritages, soit par l'insolvabilité finale des débiteurs, il arrivait que les rentes ne se payaient plus, ce qui explique la disparition à une époque postérieure d'un certain nombre de ces fondations.

Les rentes ne se payaient pas toujours en numéraire, celui-ci étant rare à certaines heures, mais en seigle assez souvent, quelquefois aussi tout objet ayant une valeur quelconque était accepté:

Le 17 mai 1639, Pierre Bonhomme de Langlade, donne un bélier, deux brebis et un agneau pour fonder une messe mise dans l'obituaire (1).

Le 3 juillet 1646, Laurent Bonhamie de la Pénide donne à la communauté de Cubelles, un manteau qui est vendu à Pierre Bonhamie son fils, et le prix retiré est destiné à faire dire des messes (2).

Le 17 décembre 1647, Laurence Ménard de Védrinettes veuve à feu Jean Coste de la Rodde en mourant donne verbalement deux robes, l'une pour être vendue, et le prix employé aux réparations de l'Eglise, l'autre pour faire dire quarante messes pour le salut de son âme.

La charité des fidèles était sollicitée pour toute sorte d'objets servant au culte.

Le 3 juin 1648, Marguerite Vacharon « donne « cinq livres pour achapter un drap des morts »

Le 29 mai 1650, « Jeanne Laron, de Cubelles, « donne dix livres pour ayder à refaire le calice « d'argent, lequel argent j'ai retiré et mys au tronc « des bienfaiteurs. (3) »

Jeanne Laurent, de Langlade, donne 25 livres savoir : « à l'esglise ou réparations d'icelle... 5 « livres;à Notre Dame du Puy,15 livres » et le reste aux prêtres de la Besseyre Saint Mary.

Il était inouï au dix-septième et dans la première moitié du dix-huitième siècle qu'un mourant ne donnât point par testament quelques messes pour le salut de son âme.

(1 et 2) Reg.de Cubelles.
(3) Ibid.

On léguait généralement un ou deux trentenaires et à Cubelles l'on donnait pour ce 7 livres 10 sols, soit cinq sols par messe.

Le 15 avril 1677, Nohel Vil...c de Cubizolles lègue aux prêtres de Cubelles 15 livres pour deux trentenaires, à commencer l'un le lendemain de son enterrement, l'autre après la quarantaine (1).

Sa femme, Françoise Cubizolle avait déjà légué douze livres pour messes (27 février 1677.) etc.

Le même usage se continua au siècle suivant :

En 1703 Ysabeau Couston et Jeanne Bonhomme, donnent celle-là 45 livres, celle-ci 7 livres pour trentenaires de messes (2) et M. Joseph Randon de Chateauneuf d'Apcher, par testament du 7 mai 1759, lègue aux prêtres de Cubelles un annuel de messes à voix basse.

Les religieux des monastères voisins jouissaient à Cubelles d'une certaine vogue, surtout les capucins de « Lanjac »

Ils reçoivent 30 livres d'Ysabeau Couston, 7 livres de Jean Bonhomme, 10 livres 10 sols de Jean Sauvant du Mont et de Guillaume Savy de la Pénide, 1702-1703, etc.,etc (3).

Les chanoines du Puy, ainsi que les capucins et les religieuses de Sainte-Claire de cette ville sont également mentionnés dans ces divers testaments. Par contre on ne trouve aucun legs aux dames des Chazes, aucun non plus à l'abbaye de Pébrac.

Ce que l'on n'omettait presque jamais, en cette époque, c'était l'aumône faite aux pauvres le jour du décès, de la quarantaine ou du bout de l'an. La quantité variait suivant la fortune de chacun. Elle était faite non point en numéraire, mais en seigle ou en pain cuit et allait de deux cartons à deux ou quatre setiers suivant les moyens du testateur.

Des testaments parcourus des habitants de Cubelles, — il serait trop long de citer ici les noms — la plupart renferment cette clause charitable.

_____

(1) Minut. de Limanhes, not. royal (Doc. de M. Page-Experton.)

(2 et 3) Minutes de Couret (Etude de M⁰ Edmond Bonhomme).

IV. — Choses diverses.

L'on ne sait [pas ce que durent commettre de déprédations en cette paroisse, les Routiers, lorsqu'au XIVᵉ siècle ils s'abattirent dans cette région. Ces villages épars, distants de tout centre, éloignés des routes fréquentées, purent, par cela même, être visités moins souvent et tenter moins aussi la cupide rapacité des envahisseurs. Toutefois l'on sait que cette terre ne fut pas épargnée, puisque un mémoire postérieur, assurait qu'à Cubelles l'on comptait neuf masures abandonnées depuis un temps immémorial.

Le mas Bérald, dans la penderie de Cubelles, mentionné en 1358, n'existait plus en 1627.

D'ailleurs, la prieure venue des Chazes au prieuré de Cubelles y avait éprouvé de telles appréhension, et le séjour en ce lieu offrait si peu de sécurité et lui faisait courir de si grands dangers qu'on ne pouvait trouver aucune religieuse pour venir occuper ce poste. Cette raison était alléguée en 1402, on l'a déjà vu, pour demander l'union du bénéfice à l'abbaye elle-même.

Les guerres de religion ne passèrent point sans apporter à Cubelles sa part de désordres et de misères. L'on sait que cette paroisse fournit son contingent dans les 200 pionniers réunis par les consuls de Salgues pour le baron de Saint-Vidal qui allait au secours de Marvejols, en 1577 (1).

En 1590, Cubelles est compté parmi les bourgs occupés par les ligueurs, dont le chef en ce pays, était M. d'Apchier.

C'est en cette paroisse, à la Pinède, aujourd'hui la Pénide (2) qu'avait reçu le jour cet aventurier, « Yllaire Couston, dit le capitaine la Pinède », qui le 14 septembre 1584, vint attaquer le château de Servières, à la tête de vingt-deux voleurs. Avec des pétards il fit sauter les portes, pilla la maison et

(1) *Notes hist. sur Saugues*, p. 145.
(2) La Pinède, ou la Pinide, aujourd'hui la Pénide devait ainsi s'appeler parce qu'il y avait probablement à proximité, des bois ou des taillis de pins.

poignarda Robert de Chastel, fils de Claude, seigneur de Servières, et son futur gendre, Jean de Recoux (1).

Il s'était fait huguenot d'aventure, et peut-être de sa femme, la Farjoune de Monistrol, laissa-t-il des descendants, ou bien fit-il école, toujours est-il qu'au siècle suivant, il y avait encore des hugue-nots de ce nom à la Pénide.

On lit en effet dans les registres:« Jacques Cous-ton de la Pénide n'a reçu aucun sacrement pour estre tombé en hérésie, 1650. »

Les événements qui se déroulent et les incidents qui se produisent en cette terre n'offrent ni une grande importance, ni un sérieux intérêt.

En 1621 eut lieu la visite de l'archiprêtre, et le procès-verbal qui en fut fait parle ainsi de Cu-belles :

« L'Eglise de Saint-Hilaire de Cubelles est en son entier bien blanchie et pavée. Le grand autel orné et paré d'un devant camelot rouge deux napes sur iceluy. Le saint Sacrement repose dans un taber-nacle couvert d'un pavillon taffetas incarnat ; le ciboire est d'argent et celui qu'on porte aux malades cuivre. Y a une confrérie du Saint Rosaire dont l'autel est bien garni d'un beau tableau paint à l'huile, et y a pour le service d'iceluy les habits requis. Les saints fonts se ferment à clef et y a quatre cloches. Le cimetière est entouré de bonnes murailles lequel est d'assez grande étendue. On fait ou faucher ou manger au bétail l'endroit où l'on ensevelyt, de ce que s'opposant le curé dudit lieu qu'est M. Jehan Marcellin, M. Jean Médard, sacristain en a querellé sa part et pour ce sujet l'année dernière 1620, environ le commencement du mois de May led. M. Médard y mit pour dépais-ser l'herbe sa jument quoy voyant ledit Marcellin curé l'en sortit de quoy estant fâché le.d Médard prestre et sacristain s'irrita grandement contre. Ledit Médard a esté approuvé seulement jusqu'au synode prochain, c'est pourquoi je commende

---

(1) Voyez : *Notes hist. sur Servières*, p. 22 et suiv.

aud. curé signifier aud. Médard de se présenter au synode (1). »

Et dans un second procès-verbal de 1640, par F^ois du Puy, curé de Thoras, on lit :

« Cubelles. Les prieuses, les dames des Chazes auxquelles le sieur curé demande assistance pour reculer le maistre autel qui n'a pas assez de jour. L'Eglise est dédiée à Saint Hilaire, bien ornée et bien vitrée. Il y a une croix d'argent pour les processions et les mortuaires, pesant quatre marcs et demy. L'autel du Rosaire bien orné. Il n'y a point de pluvial ni de pavillon pour le Saint Sacrement »...

« ... Jean Pomier, vicaire, sert la chapelle de la maison d'Apchier à Besque, Mme d'Apchier m'a dit de vous prier de sa part de permettre que ledit vicaire Jean Pomier d'assurer et donner l'eau baptismale à ses enfens, ce qui se peut moyennant qu'ils portent les dicts enfens à Cubelles, car Besque est dans le diocèse de Saint Flour. »

« Il y a un disme au bout de la paroisse appelée le disme de la luminaire, pour la réparation et fabrique de l'église de quatre cestiers bled, mesure de Saugues (2). »

Tout comme ailleurs, chaque année apportait à cette paroisse ses incidents divers. Le souvenir de quelques-uns en est consigné dans les registres, ou en d'autres documents :

« Le 14 octobre 1614, décéda M. le sacristain de Cubelles tué fortuitement à la chasse par l'Auvergnat, ne le pensant faire (3). »

Les prêtres jouaient de malheur en ce pays, on a vu comment Vidal Médard fut lui-même assassiné sur la route de Saugues.

En « août 1643, André Laron décédé à l'hermitage de Pourcharesse n'a reçu aucun sacrement ny fit de testament (4). »

<hr>

(1) Archives de la Lozère. G. 722.

(2) Proc. verb. de visite, de 1650, déjà mentionné, p. 29 et 30.

(3) Archives de Mende. GG. 3.

(4) Ce fait et ceux qui suivent sont extraits des registres de Cubelles.

« 28 avril 1676, Marguerite Laron de Cubelles, n'a pu recevoir l'extrême onction à cause de la ruine de sa maison dont elle fut accablée. »

« 1er septembre 1675. Décès de Joseph Tersol tué d'un coup de fusil.

« 20 mars 1678... Pierre Peyrelier de la Lobeyre, homicidé sur le chemin de Chantuejols, auquel ont été administrés les saints sacrements par M. Thomas vicaire dud. Chantuejols, a légué par testament reçu Dulac notaire une messe à perpétuité en nostre église.

« 24 juillet, 1689, décès d'Anne Mornet tombée d'un cerizier, demeurant à Fô.

« Joseph Allé de Fô qui sest noyé au pont de Rodier, venant de Saugues, vers le milieu du mois de décembre 1724.

« Michel Médard, décédé à Saugues de mort subite et enterré au cimetière de cette paroisse, le 25 avril 1726 (1). »

(1) Les registres de M. Bénistant constituent un nécrologe assez curieux des personnages notables des environs ou des membres de sa famille :

« Décès de Mlle de l'Hermet, ma sœur, de la paroisse de Saint-Berain, le 26 mars 1723.

« Mgr l'Evêque de Mende, P. de la Salle, décédé à Mende, le 27 septembre 1724.

« Agnès Anglade de Langlade enterrée au couvent de Saugues, 16 mars 1724.

« Anne Bergougnoux de Langlade, enterrée au couvent de Saugues, 1727.

« M. Médard Médard, curé de Vabres, décédé le 21 octobre 1728

« M. Aurand, curé de Monistrol, décédé le 21 octobre 1730.

« Françoise de Bénistant, du lieu de Vergnes, paroisse de Saint-Bérain, 1er novembre 1730.

« M. Pons, prieur de Saint-Berain, 2 février 1731.

« Mmes des Chazes de Maliot et de Vissac, 9 février 1736.

« Mme de la Frédeire des Chazes, 10 février 1738.

« Mme de la Peyre de Bousoulargues, 23 sept. 1738;

« M. le comte de la Tour d'Auvergne, mort à Langiac le 1er février 1739.

« M. Pierre Valette, curé de Saugues, décédé de mort soudaine le 10 février 1742.

« M. Thomas, curé de Venteujols, âgé de 96 ans, le 1er avril 1742.

« M. Lyon, chanoine de Saugues, le 6 avril 1742.

« Antoine Gibert de Bergougnoux, qui fut assassiné par son oncle et son parrain le 30 novembre 1726.

« Claude Nadal, mort de mort subite, s'estant noyé dans un gouffre, le 2 octobre 1743. »

La famine et la mortalité de 1694, si terribles en cette région, n'épargnèrent pas, comme bien l'on pense, la petite population de Cubelles. Du 4 octobre 1693 au 27 septembre 1694, on compte 31 décès, et dans ce nombre, six morts subites : Joseph Chalendar, 12 ans, Claude Page, Jean Page de Védrinette, Catherine Laurier et Jean Bergounioux de Langlade, Marie Sauvant de Cubelles.

Par contre, l'année suivante, d'octobre 1695 à octobre 1696, il n'y eut que quatre décès.

Ce chiffre de la population subissait d'une époque à l'autre d'assez grandes variations.

De 1737 à 1746, la moyenne des naissances est de 11, ce qui, suivant la méthode adoptée, multiplié par 33, donne 363 pour nombre approximatif des habitants. — La moyenne des décés, en cette période, oscille entre 8 et 9.

De 1780 à 1789, la moyenne des naissances est de 9, ce qui ramène à 300 environ le chiffre de la population. La moyenne des décès est de 7.

On sait qu'autrefois la collecte des impôts ne se faisait point suivant les procédés usités aujourd'hui. Il n'y avait pas de percepteurs attitrés : les taillables jouaient ce rôle eux-mêmes.

« Dans les paroisses de second ordre, ce sont
« tous de petits propriétaires, et chacun d'eux passe
« à la collecte à peu près tous les six ans.... Pour
« tous les recouvrements qui leur sont communs, ils
« sont responsables sur leurs biens, sur leurs meu-
« bles et sur leurs personnes, et jusqu'à Turgot,
« chacun est solidaire des autres (1). »

Cette charge était lourde et onéreuse, aussi chacun ne l'acceptait-il qu'avec une répugnance mar-

« Anthoine de Bénistan, sieur de la Chomette le 5 février 1712.

« M. Gérenton de Saugues, mari de demoiselle de Bénistant du Luchadou, etc...

(1) Taine, l'Ancien régime, I. p. 463.

quée. Or en 1697, Pierre Pic, qui étaif chargé de nommer le collecteur, désigna pour cet emploi, Etienne Barthélemy, de la Loubeyre. Celui-ci, qui depuis peu avait occupé ces fonctions, refusa d'accepter cette nomination, en appela au juge de Saugues et fut par lui déchargé de ce fardeau.

C'est alors que les principaux habitants prirent la délibération suivante :

L'an 1697 et le second avril par devant le notaire royal soubsigné et en présence des tesmoins cy après nommés ont comparu Claude Anglade du lieu de Fô, autre Claude Anglade, Anthoine Nadal, Anthoine Langlade du lieu de Langlade, Barthellemy Tersol, Claude Anglade du lieu de la Pénide, Joseph Sauvant et Anthoine Sauvant du lieu de Besseget, Estienne Barthellemy du lieu de la Loubeyre, Anthoine Poumier du lieu de Cubelles, Jacques Aldon et Pierre Privat du lieu de Cubizolles faisant la plus grande et la plus saine partie des habitans de la paroisse lesquels ont dict sestre assamblés au subject de ce qu'ont este advertis y avoir eu procès sur lequel a esté randu sentence au baile de Mercœur, siège de la ville de Saugues, entre ledit Etienne Barthelemy demandeur et Pierre Pic defendeur, à cause de la nomination faite par ledit Pic de la personne dud. Barthellemy pour collecteur de la tailhe royal de la paroisse de la présente année, quoiqu'il eut passé et faict lad. charge puis les six ou sept année dernières, bien qu'il y aye nombre d'autres habitans solvables qu'ils n'ont pas passé puis plus de vingt années, ce qui est une surcharge pour lesd. habitans parce que la constume a esté de tous temps qu'après les noms des habitans solvables pour faire la charge a fini ont recommance le tour ce qui a esté cy bien cogneu que par lad. santence led. Barthellemya esté déchargé de la nomination de sa personne par ledit Pic qui ne l'avait ainsi nommé que par inimitié et malveillance ou plutôt par le suport que ledit Pic a voulu avoir daulcuns ses proches parents et amis de lad. paroisse qui debvoit estre nommés et comme telles nominations à l'advenir pourroit estre abuzives et nuizibles audit habitans pour observer l'ordre et coustusmes antiennes et celles des paroissses voisines et particulièrement de la ville et paroisse de Saugues ont unanimement deslibéré conclud et arresté que aulcuns des habitans de lad. parroisse ne pourront estre nommés et appellez à lad. charge de collecteur de la thailhe de lad.parroisse qu'après dix années incluzes à conter de l'année qu'ils auront passée. ...

Et dautant que le S. Curé et autres prestres ont procédé au despartement de la capitation de la présante année sans l'adcistance d'aucuns des habitans de la paroisse du moins en nombre suffisans conformément l'Instruction de Mgr Levesque et du S. Sindic du païs du Gévaudan envoyée imprimée lesd. susnommés pryent led. S. curé et autres prêtres de ne plus procéder que conformément aux instructions..... Fait à Saugues estude du notaire signé en prézance de Jacques Enjelvin et Jean Vergèzes praticien, Hyacinthe Serveyre et Jean Pagès et moi notaire royal.... signé Beraud (1).

Les impositions n'étaient point uniformes et variaient avec les années.

La paroisse payait :

En 1677..................... 1236 livres
   1695..................... 1934 —
   1704..................... 1631 —
   1715..................... 1694 —
   1726..................... 1742 —
   1749..................... 1916 —
   1789..................... 3018 —
Et en 1899..................... 4231 francs.

En 1701 la capitation s'élève à 102 livres, réparties entre 40 contribuables, la cote la plus forte est de 8 livres 10 sols, payée par Antoine Pomier, ménager.

En 1730, elle est de 145 livres, réparties sur 49 contribuables. On compte 4 contribuables au Fô, 2 à Besseget, 2 à Védrinettes, 7 à la Loubeire, 2 au moulin Solrecoux, etc. (2).

(1) Doc. communiq. par M. Aubazac de la Louboyre.
(2) Invent. des archives de la Lozère, passim.

Comme le pays était pauvre, et la terre peu fertile, on ne dîmait qu'à la douzième gerbe.

Un questionnaire envoyé après 1768, à tous les curés du diocèse de Mende, pour être rempli, donne au sujet de Cubelles les réponses suivantes :

1° *A-t-on opté pour la portion congrue aux termes de l'édit de 1768 ?*

R. « Le curé a opté aux termes de l'édit de 1768 ».

2° *Sinon quels sont les revenus de sa cure,* etc...

3° *Les fonds et revenus en argent ou en denrées attachés à la cure sont-ils au nom des fondations actuellement acquittées ?*

R. « Il n'y a d'autre fond attaché à la cure de Cubelles que le jardin potager ; il y a deux héritages autrefois champs, maintenant pâturaux, l'un chargé d'onze livres de fondation, et l'autre de trente sols qui s'acquittent actuellement, lesdits héritages nouvellement délaissés à l'église déchargés de taille et de censive » (1).

(1) Il n'est pas fait mention ici du pré de la Rodde que possédait la cure de Cubelles, et dont voici l'historique d'après un mémoire de la fabrique :

« M. Vidal Médard, curé de Cubelles, acheta de F. Gévaugues de Saugues, en 1664, une rente constituée, affectée sur le pré de la fon, situé à la Rodde. Ledit Médard fut tué en 1676, et en 1677, le 21 août, ses héritiers s'assemblèrent pour partager son hérédité, au nombre de quatre frères, parmi lesquels Jean Médard, aussi curé de Cubelles. »

« Dans la transaction de 1677, il fut dit ceci : Parce que lesdites parties sont certains que feu Vidal Médard avait l'intention de donner à l'église de Cubelles une rente de 15 livres, sur le principal de 300 livres, qui lui était due par feu Gévaudan de la Rodde, comme cédataire de F. Gévaugues, qu'elles n'ont pas voulu comprendre à l'inventaire du partage, à raison de ce, pour l'entretien à perpétuité de la lampe du maître-autel de l'église de Cubelles, pour cette cause, en mémoire du défunt, ils ont respectivement donné à lad. église, la susdite rente de 15 livres, et le fort principal d'icelle pour l'entretien de l'huile de la lampe à perpétuité, duquel led. sieur curé demeurera chargé, et après lui ses successeurs à perpétuité. »

« Faute de paiement, J. Médard, curé, fit affecter les

4° Quels sont les décimateurs de la paroisse, la valeur de la dîme s'il y a plusieurs décimateurs ?

R. « 3 décimateurs : (*a*) les dames des Chazes qui perçoivent 78 septiers de dîme.... pour leur communauté, plus 4 septiers du territoire de Monbourg.... plus 8 septiers pour la sacristie des Chazes. — »

« Elles perçoivent en censive 7 septiers bled et septiers avoine, et 30 sols argent, ce qui est affermé actuellement 200 livres, plus un pré affermé 72 livres. Les dites dames payent sur cela 500 livres au curé, six septiers bled à un chanoine de Saugues et 2 cartons de bled aux pauvres par an. »

b) « M. le prieur de l'ébrac perçoit annuellement 2 septiers de dîmes dans la paroisse de Cubelles, 10 septiers bled et 20 ras avoine de censive, sans aucune charge. »

c) « M. l'abbé de Soulage, prieur de Saint-Pierrre-la-Rochette, restant à Paris, perçoit annuellement 3 septiers 4 cartons de dîme dans la paroisse de Cubelles sans aucune charge. »

5° Quelle somme en argent le curé demanderait actuellement au décimateur pour les mêmes dépenses, pour l'entretien et fournitures du chœur et de la sacristie?

cinq années échues sur le pré de la fon, et sur un champ pour les frais de sentence, et en fut déclaré propriétaire par adjudication. »

« Ledit sieur curé jouit du pré, jusque et inclusivement 1722. M. de Bénistant vint en 1722, par la fin, il a joui dud. pré jusque et inclusivement 1745. Le s. curé Christophe Ranc prit possession de la cure de Cubelles le 18 novemere 1745, et a joui dud. pré paisiblement comme ses prédécesseurs. »

« En 1765, J. Pierre Médard, héritier médiat du susdit J. Médard, fit assigner Jean Richard de la Rodde, en désistement du pré, parceque le curé de Cubelles avait permuté avec un autre pré que ledit Richard avait acquis dans la paroisse de Cubelles qui était de meilleure valeur et mieux à la portée du curé. »

De là procès et instances devant le juge de Saugues, et le sénéchal d'auvergne. Une famine, suivie de maladie populaire, fut cause que l'instance ne fut point poursuivie, et demeura suspendue.

Le document cité ne raconte point l'issue du procès.

R. « Le curé demande 200 livres. »

6° Combien de vicaires dans la paroisse ?

R. « Pas de vicaire. Un chanoine de Saugues est payé pour donner la première messe dimanches et fêtes. »

7° Combien d'habitants ? Y a-t-il beaucoup de notables ?

R. « 467 habitants. Point de notables (1). Beau-

(1) Ce chiffre d'habitants semble exagéré. Un pouillé antérieur de quelques années ne lui donne que 300 habitants, et un recensement postérieur 330. (G. de Burdin, p. 411.)

Quant aux notables, leur existence, au siècle précédent, est indiscutable. Il suffit d'ouvrir les registres de catholicité pour y trouver leur nom à chaque page :

« 7 janvier 1610. Baptême de Christophe de Soliniac. Parrain : M⁹ Anthoine d'Estaliade ; marraine : Madame de Margeride.

« 16 janvier 1611. Baptême de Anne du Fô. Parrain : M. de Langlade ; marraine : Mlle Isabelle de Rochefort.

« Son père était Anthoine du Fô sa mère Jeanne de Langlade.

« 29 février 1613. Baptême de Christophe de Fô. Parrain : Christophe de Rochefort ; marraine : Anthoinette de la Rode.

« 10 juin 1626. Baptême de Jeanne du Fau, de la Pinide. Parrain : M du Minial (Ménial); marraine: Toinette d'Apchier.

« Son père était Anthoine du Fau ; sa mère, Marie d'Apchier.

« 14 septembre 1628. Baptême de Anne du Fau de la Pinide. Parrain : P. d'Apchier ; marraine : Anne du Minial.

« En 1629. Claude et Jean de Fô, reçoivent la tonsure au palais épiscopal de Mende.

« 5 janvier 1631. Enseveli M. du Fau demeurant à la Pinide.

« Janvier 1668, décès de demoiselle Françoise de Malbec, femme à M⁰ Christophe de Fô.

« Noble Joseph Gabriel de Fau, seigneur de la Peyre, décédé le 29 décembre 1723.

« Le 15 décembre 1675 a esté enterré en l'église de Saugues, Anne de Fô, veuve de M. Vergèses, bourgeois de Saugues. (R. de Saug.)

« Le 27 octobre 1693, décès de M. Médard du Fau, seigneur de Saint Maurice, décédé à son château de Pouzas, à Saugues (*Ibid.*)

« 30 décembre 1700. Décès de Jacques Viglat, mari de Claudia du Fau, de Lair, paroisse de Pébrac.

coup de pauvres qu'un curé ne peut secourir à cause de son modique revenu. »

8° Combien la paroisse a-t-elle à peu près de tour ou d'étendue ?

R. « Une grosse lieue et demie de diamètre, ce qui fait quatre lieues et demie de tour. »

9° Combien de hameaux ? Le nom de chacun ?

R. « 12 hameaux : Cubelles, Langlade, Sauvant, Fô, Besseget, Védrinette, le Fraysse, la Pénide, le Moulin de Solrecoux, la Loubeyre, Cubizolles, le Mon. Il se fait de 10 à 12 baptêmes par an. »

10° Etat des chemins ?

R. « Très mauvais en tout temps ; en hiver presque impraticables ; le service de la paroisse exige un cheval. »

11° Combien de chapelles ? leur vocable, leurs revenus ?

R. « Une chapelle fondée sous le nom de Saint-Pierre (1) ; on y perçoit 3 septiers, 4 cartons bled

(1) Cette chapelle portait le nom de Saint-Pierre des Roches del Blau, ou de Rocheblave, ou plus simplement encore de la Rochette. Les messes fondées s'acquittaient ailleurs. Etait-ce une simple vicairie ou chapellenie, suivant les termes usités en cette époque, sise dans l'église paroissiale, ou bien un oratoire ou chapelle particulière pourvue de revenus ? On montre, au nord de Notre-Dame d'Estours, et en face de ce sanctuaire, sur la rive gauche de la Seuge, les restes des fondements de la chapelle dite de Rocheblave.

On retrouve, au cours des années, quelques nominations de titulaires de cette chapellenie :

« Le 30 janvier 1428, Guillaume Saunier, damoiseau du lieu de Mercœur, paroisse de Saint-Privat, présente à la chapellenie de Saint-Pierre de Rocheblave, paroisse de Cubelles, Pierre Cuminha, en remplacement de Hilaire Regort. »

« Nomination par l'évêque de Mende, Guy de la Panouse, à la chapelle de Saint-Pierre de Rocheblave, dite de la Rochette, d'André Bescuit, prêtre du lieu de Saint-Privat, en remplacement de Pierre Cuminha, sur la présentation de Pierre Saunier, patron de lad. chapelle. 9 juillet 1454. » (Archives de la Loz.).

seigle. — Titulaire : abbé de Soulages, résidant à Paris. »

12° Y a-t-il une œuvre? Ses revenus.

R. « Une seule œuvre, un petit coin de dîme qui produit annuellement 16 cartons bled segle qui fut donné par un certain M. d'Ombret pour la luminaire de l'Eglise et que les dames des Chazes font servir pour l'entretien de la sacristie (1). »

Ce questionnaire, comme un écho]des besoins de cette époque, semblait préluder aux cahiers de 1789.

Des temps nouveaux arrivaient qui devaient, à certains égards, déraciner l'état de choses d'autrefois. On allait en finir désormais avec les commendes, les portions congrues et les autres usages surannés dont l'inutilité était depuis longtemps manifeste, et les liens de dépendance qui rattachaient aux Chazes la paroisse de Cubelles allaient être rompus à tout jamais.

II

Cubelles pendant la Révolution

Ces populations attardées éprouvaient moins qu'ailleurs la nécessité d'un changement de régime.

Par goût d'abord, et ensuite à cause de l'écarte-

En 1492, la présentation appartient temporairement aux seigneurs de la Fagette.

« Le 27 avril, noble Raymond Roget, écuyer, seigneur, de la Fagette, paroisse de Ventejols (Venteuges), présente pour la chapelle de Saint-Pierre des Roches del Blau, en la paroisse de Cubelles, vacante par la résignation du titulaire Jean Robin, Rigault Tribulat, clerc libre du diocèse de Mende. L'acte est passé à Saugues, en présence de Blaise Vigouroux. curé de Monistrol. de Louis Cortallac, clerc, et P. Valentin, notaire. « (Fabrique de Cubelles).

« Enfin, en 1653, Pierre Saunier présente Vidal Rey, de Monistrol, en remplacement de Jean Orcien du Villar, et noble Françoise de Gioran, veuve de Pierre Saunier, comme tutrice de son fils Gilbert, présente encore Jean Rey, frère de feu Vidal Rey, le 29 mars 1574. » (Archiv. de la Loz.)

(1) Archives de la Lozère. G. 2091. Commun. de M. Dreux, archiviste de la Lozère.

ment des lieux et de l'isolement dans lequel elles vivaient, elles ne subirent point facilement l'influence néfaste des centres révolutionnaires.

Aussi cette tourmente que fut la Révolution n'apporta point à Cubelles cette acuité de barbarie et de féroce persécution qui sévissait en d'autres lieux. Tandis qu'elle avait déjà, dans toute la France, parcouru de longues étapes, ici elle commençait à peine à se dessiner.

En effet, partout ailleurs, et à Saugues même, les églises sont fermées, les prêtres proscrits ; à Cubelles, le curé, Vital Teissier, administre paisiblement le baptême, ensevelit les défunts, et signe aux registres jusqu'au 24 juin 1792. Ce n'est qu'au 1er novembre de cette même année que les inscriptions et déclarations d'état civil doivent être faites devant la municipalité.

Le curé commence alors un second « Registre « des actes de baptême et de mariage que j'ai fait « pendant deux ans et sept mois que j'ai été obligé « de me cacher, auxquels foi doit être ajoutée. »

Et durant cette période, certainement de connivence avec la municipalité, il se cache dans la paroisse où il remplit clandestinement les fonctions de son ministère, administrant les baptêmes pendant la nuit et célébrant la messe dans les granges.

Deux baptêmes pourtant sont faits par J. Anthoine Molherat, vicaire de Desges, et inscrits sur ce registre, le 12 février et le 10 juillet 1793, tous les deux de la Pénide.

Mais reprenons les évènements à leur début.

Le 17 mars 1789, par devant Joseph Médard, consul de la paroisse de Cubelles, toute la population comprenant 58 feux, dresse un cahier de doléances que Joseph Médard et Laurent Brun, doivent porter à l'assemblée qui se tiendra le 23 mars, par devant le sénéchal de Mende (1).

En 1790, après de longs tâtonnements et de vives récriminations, Cubelles, avec tout le mandement de Saugues, est détaché du Gévaudan et joint

(1) Registre de Cubelles.

au Velay, pour faire partie du département de la Haute-Loire.

Dès lors Cubelles relèvera du district du Puy.

De là viendront les émissaires, de là émaneront les arrêtés et les décrets qui essayeront, sans grand succès d'ailleurs, d'inoculer à cette paroisse l'esprit nouveau.

Et pour prendre contact, le district se fait d'abord envoyer un tableau d'impositions et de recensement :

1790. — Cubelles.

Impositions...............	2546 liv. 17 s. 4 den.
Capitation...............	260
Vingtième pour les biens nobles...............	10
Différents articles d'imposi-tions...............	113
Cito, ens actifs...........	45
Population entière........	330 individus (1).

Cubelles n'avait point encore nommé ses notables. Le 13 février 1790, il est procédé à la nomination d'un président et d'un secrétaire pour le scrutin de cette élection.

Sont élus : Président, M. Christophe Ranc, curé de la paroisse ;

Secrétaire : Christophe Laurent, de Cubelles ;

Scrutateur : Vital Teissier, prêtre ; Laurent Brun et Joseph Sauvant.

Les notables élus sont : Claude Barthelemy, de la Loubeire, maire ; Laurent Brun, de Fô, procureur de la commune ; Laurent Merle, de Cubizolles ; François Charreire, du Mont ; Joseph Vidal, J. P. Dumas, J. P. Couston, du moulin Solrecoux ; Ant. Hugon, du Fraisse ; Jean Dance, de Langlade ; J.P. Veyssere, de Cubelles, conseillers municipaux (2).

En ces jours de remaniements à outrance, le bruit courait que la paroisse de Cubelles allait être supprimée. On peut juger de l'émoi des habitants et des notables :

(1 et 2) Ibid.

A MM. les Administrateurs du Département et District de la Haute-Loire.

« Ont l'honneur de remontrer la municipalité de la paroisse de Cubelles qui s'est répandu un bruit que vous vous proposiez, Messieurs, de supprimer ladite paroisse de Cubelles, et de réunir les villages en dépendant partie à la paroisse de Saugues et le reste à celle de Charaix. Une telle nouvelle quoique vraisemblable n'a pas laissé d'affecter très vivement tous les habitants ainsi qu'un grand nombre d'habitants des paroisses voisines qui se trouvent grandement laizés ainsi qu'on va le démontrer.

« Le chef-lieu de la paroisse de Cubelles se trouve au point central entre les deux paroisses de Saugues et de Charaix, tandis que ces deux dittes paroisses sont au contraire aux deux extrêmes, de manière que les habitants de celle de Cubelles seraient d'un éloignement trop considérable d'aucune des autres deux. Et les habitants des villages voisins comme la Viale d'Estours, Pissis, la Garde dépendants de Monistrol, ceux d'Andreuge, Andrejoulet et Lescure, dépendants de Saugues, ceux de Masset, Anglard, dépendants de Venteuges, ceux de Charenty et autres dépendants de Pébrac et Charaix, seraient privés d'avoir à leur proximité une messe matutinale qui est de la plus grande nécessité à cause des bergers, vachers et autres domestiques, puisque l'on compte ordinairement 18 bergers, non compris ceux de la paroisse qui viennent entendre la messe à Cubelles.

« Il est de notoriété que plus de huit cents personnes (1) étrangères à la paroisse y viennent entendre la messe.

« Ce qui nous fait espérer que loin de supprimer la paroisse de Cubelles, vous y réunirez celle de Charaix, comme étant bien plus petite et moins bien placée.

« Fait et arrêté en conseil le... Avril 1791. (1)»

On ne craignait pas, pour lui donner plus de

_____

(1) Registres de Cubelles.

poids, d'user dans cette requête d'une certaine exagération. On ne voit pas bien comment aurait pu trouver place dans l'église, même divisé en deux portions, ce nombre d'étrangers annoncé.

Cependant les incarcérations étaient déjà commencées, et sur un ordre venu du district, M. d'Apchier et sa famille, résidant au château de Besque, près Charaix, avait été conduit en prison, au chef-lieu du département.

« Ce jourd'huy onzième Juillet 1791, la municipalité de Cubelles assemblée en la manière ordinaire, M. le Maire a dit qu'instruit de l'enlèvement de M. Dapcher et de sa famille, et de la tristesse qu'un pareil événement aussi inattendu a causé dans toutes les familles de la municipalité et qu'on ne doubtant pas qu'il existe un seul sitoyen dans la commune qu'il n'ait à se louer des bienfaits de M. Dapcher et qu'il ne soit prêt à certifier la pureté de ses sentiments patriotiques, il est essentiel, dans des pareilles circonstances, de luy donner en rendant hommage à la vérité des preuves sensibles de notre reconnaissance.

« Sur quoy ouy le procureur de la Commune en ses observations, la municipalité certaine de la bonne condhuitte de M° D'Apcher et decelle de toute sa famille a unanimement délibéré et arrelté de députer au committé permanent de la ville du Puy la personne de Joseph Médard pour sur l'expédition de la présente délibération supplier MM. les administrateurs du Comité de vouloir accorder l'élargissement de M. Dapcher et de sa famille aux offres que fait la municipalité tant collectivement qu'individuellement de le représenter dans tous les cas requis, dans le cas ou son élargissement definitif luy seroit refusé contre l'espoir de la municipalité. Barthelemy, maire ; Brun, procureur de la Commune ; Medard, greffier (1). »

On s'est plu à dépeindre les nobles d'autrefois sous les plus noires couleurs. Il devait sans doute y avoir des exceptions, et il fallait que M. d'Apchier eût fait rayonner autour de lui une bien in-

(1) Ibid.

signe bienfaisance, pour qué cette petite commune osât, en des temps si peu propices, se risquer à plaider en sa faveur.

Celle de Saugues, d'ailleurs, le même jour (11 juillet) avait fait la même démarche, et avait envoyé M. Bonhomme, prêtre et procureur de la Commune, demander au district l'élargissement du prisonnier (1).

Deux jours après, le 13 juillet, des voleurs s'introduisent dans l'église par la porte du clocher et de là dans la sacristie où ils dérobent « un ca-« lice avec la patène en argent plus le Saint Ci-« boire avec son couvercle en argent et dans lequel « étoient les saintes hosties qui furent laissées dans le « tabernacle, l'ostensoire ou soleil en argent comme « aussi la boette en argent destinée à porter le « Saint Viatique......... la garniture du deix dont « la frange étoit en argent, plus une robe de lei-« nage de la Vierge dont la frange étoit en or, et « un voile blanc de mousseline... (2) »

Une enquête et une perquisition furent faites par M. Vergèzes, alors maire de Saugues, mais elles n'amenèrent aucune découverte. La municipalité de Cubelles demanda aux administrateurs du district que ses vases sacrés et autres objets servant au culte lui fussent remplacés.

Elle s'adressait bien, la municipalité, et les administrateurs allaient songer à toute autre chose qu'à lui donner des vases sacrés.

Au Puy, en effet, on avait depuis longtemps supprimé les communautés religieuses, imposé le serment aux prêtres, et remplacé par des curés constitutionnels ceux qui refusaient de jurer. On vendait les bien ecclésiastiques, on allait bientôt fermer les églises et incarcérer, pour les envoyer à la guillotine ou en exil tout ce que l'on pourrait surprendre d'ecclésiastiques insermentés. Aussi pas n'est besoin d'ajouter qu'il ne fut donné aucune suite à la requête de nos gens ds Cubelles.

D'après la loi du 17 juin 1791, on dut dresser un

(1) V. *Not. hist. sur Saugues*, p. 250
(2) Ibid.

budget des dépenses locales de la municipalité qui fut ainsi établi :

1° Entretien et dépenses du Presbytère...................... Rien.
2° Loyer du local ordinaire de nos
séances.................... Rien.
3° Appointements du secrétaire ... 60 liv.
4° Fourniture du papier, bois et luminaire.................... Rien.
5° Traitement du maître d'école... Rien.
6° Traitement du receveur de la
Commune pour la contribution
foncière.................... 41 liv.11 s.
7° Deniers additionnels pour la per-
ception de la contribution mobilière.................... 6 liv. 4 s.
8° Entretien des fontaines........ Rien.
9° Dépenses d'autres objets impré-
vus........................ 12 liv.

Total 120 liv. 1 s. (1)

Le 19 février 1792, le maire Claude Barthélemy est mort et il faut procéder à de nouvelles élections. Vital Teissier, devenu curé de Cubelles, est élu scrutateur, et Laurent Merle, de Cubizolles, nommé maire.

En ce jour, on partage la commune en quatre sections :

A, dite du Clocher,
B, dite de la Loubeire,
C, dite de la Pinède,
D, dite de Fô (1).

Les impositions étaient alors de 3258 liv. 5 s. 10 den. sur lesquelles il fut accordé un dégrèvement de 415 livr. 17 sols.

La cote mobilière s'élevait à 548 liv. 3 sols, 2 deniers.

Est-il nécessaire de signaler qu'en cette époque la petite vérole s'étant manifestée dans les troupeaux de Langlade et de la Loubeire, il leur fut assigné

(1 et 2) Ibid.

pour pacager des cantonnements qu'ils ne devaient pas franchir !

Les temps devenaient mauvais, et le curé de Cubelles, qui jusqu'ici avait pu garder ses positions, se vit contraint de pourvoir à sa sécurité.

« Aujourd'hui 17 septembre 1792, dans le lieu ordinaire de nos séances, a comparu sieur Vital Teissier, prêtre et curé dans la présente paroisse de Cubelles, lequel en exécution de la loi du 26 août derniers duement publiée et affichée au lieu ordinaire de la commune ce jourd'hui nous a déclaré vouloir partir pour aller hors du Royaume ; en conséquence, nous a requis vouloir recevoir les effets et papiers qu'il a en son pouvoir appartenant à l'église dudit Cubelles et de luy en donner valable décharge à quoy adhérant sur les réquisitions du Procureur de la commune, nous sommes transportés dans le presbitère de ladite paroisse où étant avons procédé à l'inventaire des meubles et effets de ladite Cure à nous remis par ledit sieur Teissier. »

« 1° Un calice avec sa patène d'argent de moyenne grandeur, plus une ostensoire en argent avec un médaillon en or au pied, plus cinq chasubles de différentes couleurs en camelot usées avec leurs garnitures, deux aubes uzées, plus deux amicts, plus deux corporeaux, plus six purificatoires, plus trois nappes pour le grand autel, plus quatre manuterges, plus trois surplis ou rochets, le tout usé, plus un pluvial avec l'écharpe en soie neuf plus un encensoir avec sa navette plus une croix en léthon plus deux chandeliers en lethon pour le grand autel, plus deux.... pour l'autel du Rosaire plus un missel parisien presque neuf, plus un grand antiphonaire et un graduel romain tèrs usés, plus une paire de burettes étaing, plus une nappe pour la table de la Communion ! plus un drap de mort étoffe du pays ; plus un dez (dais) garnis en soye avec une frange d'argent. »

« Plus nous sommes transportés dans la maison curiale, ledit Tessier curé, nous a déclaré devoir laisser dans ladite cure un bois de lit, une table et deux chaises. »

« Et en même temps nous a remis six cahiers con-

tenant les actes de Mariages, Baptêmes, Sépultures,
le premier commençant le 22 janvier 1692, finissant
le 3em juillet 1744. Le second commençant le 3me
mai 1745 et finissant le 22 octobre1784. Le troisième contenant les sépultures depuis le 24 mars 1747
jusqu'au 1er août 1784. Le 4me contenant mariages
et baptêmes commençant le 27 janvier 1785 et finis
sant le 25 décembre. 1791. Le 5em, etc (1). »

LA NATION ET LA LOI

*Département de la Haute-Loire, district du Puy,
Canton de Saugues, Municipalité de Cubelles.*

« Laissez passer Vital Teissier. domicilié de la municipalité de Cubelles, district du Puy, département
de la Haute-Loire, prêtre, âgé de 38 ans, taille de
5 pieds 4 pouces six lignes. cheveux et sourcils
châtains, les yeux de même, figure ovale et marquée
de petites véroles, prêtez lui aide et assistance en
cas de besoin. Lequel déclare vouloir se rendre en
Espagne, par la route de Saint Chély, Aubrac Rho-
dez, Allez (sic) Toulouze et Perpignan pour obéir
à la loi du 26 août dernier. Délivré à la maison
commune à Cubelles, le 17 septembre .1792 par nous
maire et officiers municipaux de la Commune de
Cubelles soussignée, avec notre scrutateur greffier.
Merle, maire, Brun, procureur de la commune : Médard, greffier (2). »
Bien qu'il eût obtenu un passe-port, le curé de
Cubelles n'émigra point, et voulut rester au milieu
de ses ouailles, malgré les dangers permanents
qu'il pouvait courir.
Un curé constitutionnel du nom d'« Embert »
(sic) avait été désigné pour Cubelles. Il était originaire de l'Ardèche et venait de remplir à Brassac
les fonctions de vicaire. Il ne parait pas, d'après
les régistres, qu'il ait jamais mis les pieds dans sa
nouvelle paroisse.
Sur nos montagnes l'on n'a jamais eu l'esprit mili-

(1 et 2) Ibid,

taire, et il est bien à craindre qu'il en soit ainsi longtemps encore.

A Cubelles l'on n'avait pas eu le temps, — bien que ce fût déjà fait dans toute la France, — d'organiser la garde nationale.

Sur les sommations du district il fallut enfin y pourvoir.

Le 24 septembre 1792, un appel est fait à tous les hommes valides de la commune et il se présente pour se faire inscrire.., neuf citoyens seulement.

Le 23 mars 1793, les jeunes gens de Cubelles, convoqués en la maison commune, sont engagés à prendre service et à se dévouer pour la patrie.

Là « ils manifestent leur vœux d'attendre que le « chef-lieu et les autres paroisses du canton eussent « à tour de rôle rempli leur tâche... protestant au « surplus de leur soumission aux loys (1). »

La réponse ne fut pas du goût de la municipalité de Saugues, qui décida, le 30 mars, que la commune de Cubelles fournirait quatre volontaires.

Il fallut de force se réunir et nommer au scrutin les prétendus volontaires.

Le choix tomba sur Barthelemy Châteauneuf de la Brugère, paroisse de Grèzes, bouvier chez le citoyen Sauvant de Besseget, André Mathieu du Montalhet, bouvier chez Savy de la Pénide, J. Chalendar de Fô, et Claude Freycenet de la Pénide (2).

Or les susdits volontaires, dont deux étrangers à la commune, lorsqu'ils se présentèrent pour être enrôlés furent réformés, déclarés tous impropres au service, et renvoyés dans leurs foyers (3 mai 1793).

Le choix fait par la commune était vraiment judicieux.

Comment cela finit-il ?

Dans une des salles du ci-devant couvent de Saugues, le 23 mai, les quatre volontaires de Cubelles furent tirés au sort, et de l'urne sortirent les noms suivants : Antoine Dance de Langlade, Antoine Chassefeyre de Fô, Etienne Hugon du Fraysse, et J.-P. Arion du Mont (3).

(1, 2 et 3) Ibid.

Laurent Brun, de Fô, était maire depuis le 9
décembre 1792.

De braves gens que les municipaux de Cubelles ;
avec eux les prêtres réfractaires ni les suspects
n'avaient rien à craindre.

Suivant les injonctions reçues, ils faisaient bien
de temps à autre quelques simulacres de perquisi-
tions.

« 29 janvier 1793. En exécution de la loi du 4
septembre dernier sur les prêtres non conformis-
tes,..... il pourroit se faire qu'il y eut encore des
individus réfugiés ou cachés dans ladite paroisse
qu'en conséquence il étoit instant d'en faire une
recherche *très exacte* a quoi adhérant nous
conseillers municipaux nous sommes transportés
dans tous les lieux qui composent la paroisse où
nous sommes informé et recherché le plus *scru-
puleusement* qu'il nous a été possible les prêtres réfractaires qui n'auront point encore satisfait
a ladite loy mais malgré les recherches les plus
exactes que nous ayons fait nous n'avons pu en
découvrir aucun quoy voiant nous sommes retirés
et avons dressé le procès verbal que nous avons
signé, Brun maire, etc Médard, lieutenant de la
garde nationnale. (1). »

23 septembre 1793. « En conséquence de la
« réquisition verbale faite par les citoyens com-
« missaires Aulanier et Arnaud, après un mûr
« examen, et renseignements pris, avons jugé qu'il
« est impossible de faire la liste des suspects at-
« tendu que suivant notre connaissance, il n'y a
« aucun suspect ni absent dans notre commune.
« Brun, maire, Vidal, Page, Dumas... » (2).

D'après la lettre du ministre de l'Intérieur, on
dressa ainsi qu'il suit, un tableau des hommes en
état de porter les armes :

« Commune de Cubelles, canton de Saugues. »

« Nombre des citoyens armés de fusils 2 ; armes de piques 8 ; capables à porter les armes (*sic*)
25 ; sans armes 15 ;

(1 et 2) Ibid.

Non compris les chefs de familles, attendu l'ur-
gence pour cultiver les biens fonds de la commune. (1). »

Ces habitants tenaient à la religion de leurs pères, et alors que partout les prêtres étaient traqués
sans pitié, et le culte partout aboli, ils ne crai-
gnaient pas de demander un curé. Il fallait même
un certain courage pour oser en adresser la requête au district..

« Aujourd'hui 28 septembre 1793 l'an second de
la République Française une et indivisible, nous
maire, officiers municipaux procureur et conseiller
général de la commune de Cubelles dans le canton
de Saugues assemblés à la réquisition du maire
dans le lieu ordinaire de nos séances, par le maire
a été dit que lundi dernier par ordre du citoyen
Aulanier commissaire du département de la Haute-
Loire, quatre cloches que la commune avait au
clocher de Cubelles ont été conduites à Saugues
pour employer à telle uzage que l'administration
trouvera à propos que sur la pétition verbale qui
fut faite au citoyen commissaire il a fait espérer
que la commune lorsqu'elle auroit un curé il lui
seroit remis une des cloches qui sont au clocher de
Saugues, que par plusieurs personnes il a été
vérifié qu'aucune des cloches qui sont à ce clocher
ne peuvent être dessandues sans que ce même
clocher ne soit abattu ou cette cloche mise en
pièces, qu'il est cependant urgent et même nécessaire que la commune aye à sa disposition une
cloche et un curé pour faire les fonctions dont ils
ont été privés à leur regret depuis longtems. »

« Sur quoy l'assemblée après avoir ouy le procureur de la Commune considérant la nécessité que
la commune de Cubelles ne demeure pas plus
longtemps privée des secours d'un curé et le besoin d'avoir une cloche pour sonner les offices
divins d'une unanime voix a nommé les citoyens
Joseph Médard greffier de cette commune et Joseph
Sauvans du lieu de Besseget pour se rendre en la
ville du Puy pour y faire auprès de l'administra-

(1) Ibid.

tion toutes les pétitions nécessaires pour obtenir qu'il soit accordé à la commune de Cubelles un prêtre pour y faire les fonctions curiales et une des cloches qu'ils ont portées à Saugues et nottamment celle qui a resté audit Saugues, les autres trois ayant été portées au Puy, et d'observer à l'administrateur que la commune de Saugues ne peut pas délivrer à celle de Cubelles aucune des cloches qui sont à leur clocher ne pouvant pas les désandre sans abattre le clocher sans rompre la cloche, que pour refondre cette cloche ce sera une dépense considérable pour la commune de Cubelles. L'assemblée autorise encore les citoyens Médard et Sauvans de réclamer auprès de la même administration une indemnité proportionnelle aux dommages causés au toit et à la voûte de l'Eglise de Cubelles, lorsque les cloches furent descendues du clocher. »

Signé Sauvant, Dumas, Vidal, Couston, Médard greffier (1).

Oh ! cette tristesse des vieillards qui, au terme de leur carrière, voyaient enlever, pour être jetées au creuset, ces cloches aimées dont la voix joyeuse s'était associée depuis si longtemps aux événements heureux de la famille, comme aussi à toutes les fêtes de la paroisse. Oh ! comme ils devaient maudire et ce vandalisme brutal et ce régime odieux qui s'attaquait à leurs plus chères croyances, à ce qui faisait la consolation de leurs derniers jours !

Hélas, cette persécution allait sévir plus durement encore ; malgré les dilations voulues des conseillers et leur désir d'arrêter à leur porte les impiétés de ces temps nouveaux, il fallut exécuter les ordres du district et se rendre aux sommations multipliées qui leur étaient adressés.

« Aujourd'hui, 29 Frimaire an II (20 décembre 1703) de la République une et indivisible, le corps municipal de la commune de Cubelles assemblé au lieu ordinaire de ses séances, un de ses membres propose qu'au chef-lieu de canton on avoit procédé à l'enlèvement des ymages et statuts qui étoient

(1) Ibid.

dans les églises et chapelles pour les faire bruller. En conséquence qu'il étoit de nécessité de se conformer au chef-lieu du canton et à *la réquisition des citoyens commisaires députés* par le comité de subsistance. Sur quoy après avoir entendu le procureur de la Commune, l'assemblée a adopté ladite propozition. En conséquence, il a été arrêté que les ymages et statuts qui sont dans l'église de Cubelles seront enlevées et portées au milieu du cimettière de ladite commune pour y être brullées, ce qui a été de suitte exécutté en présence du Conseil Général de ladite commune et de plusieurs autres habitants et du tout dressé le procès-verbal signé des membres présents signataires, les autres illitérés (1). »

Le laconisme de cette délibération et les circonstances atténuantes qu'elle invoque, semblent indiquer avec quelle répugnance la municipalité dut accomplir ce méfait. Et que pouvaient penser les morts, si les morts pensent, de voir brûler au milieu de leurs tombes ces images vénérées qui gardaient leurs cendres et semblaient veiller sur eux ?

Pourtant bien des objets qui, en d'autres pays auraient été détruits, furent dérobés, les uns aux flammes, les autres à la rapacité des administrateurs du district qui les réclamaient au nom de la patrie. Les belles croix d'argent, le calice et sa patène furent sauvés et attestent par là les bonnes intentions de la municipalité.

Les temps devenaient toujours plus durs. Durant l'année 1793, Christophe Laurent, cultivateur de Cubelles, avait été « nommé au suffrage pour tenir « un registre baptistaire, mortuaire et de ma- « riage (2). »

Les mariages se célébraient clandestinement :

« L'an 1794, et le 27 Février, nayant pu exercer mon ministère dans l'église à cause de la persécution qu'on exerce contre tous les prêtres fidèles aux principes, ni publier les bans de mariage d'entre noble Antoine Mayrlais de la Grange, veuf de demoiselle Marie Mamet, de Dège, avec demoiselle

<hr>

(1 et 2) Ibid.

Jeanne Savy, de la Pénide, ay dispensé les parties
de la publication des bans en vertu des pouvoirs
extraordinaires à moi accordés par Mgr l'Evêque
de Mende, leur ai donné la bénédiction nuptiale
dans une maison particulière en présence de François de Mayrias écuyer, sieur de la Grange. etc.,
etc. »   Signé : TEISSIER (1). »

La Révolution englobait dans une même haine,
tout ce qui appartenait à la religion et poursuivait
de la même persécution les choses et les personnes :

« 20 Floréal, an II (10 Mai, 1794). Séance de la
municipalité et commune de Cubelles, présents le
citoyen Brun, maire, Guill. Rozière, Jean Page,
officiers municipaux. Le citoyen maire a dit avoir
receu ce jourd'huy un arresté du citoyen représentant du peuple en date du 27 germinal, portant
« que les filles connues sous le nom de Béattes
« qui sont les colporteurs des œuvres fanatiques et
« les agents des prêtres qui veillent sans cesse pour
« trouver le moyen de nuire à la République et de
« vouloir l'anéantir à jamais sous le faux prétexte
« de conserver une religion que des vrais républi-
« cains ne peuvent considérer que comme un ali-
« ment moral indigeste pour ces âmes pures et ca-
« pables d'égarer l'esprit humain, et que ces filles
« désignées par le nom de dévottes ou béattes
« seront tenues de se rendre dans le délay d'une
« décade à compter de ce jourd'hui par devers
« nous ou nostre secrétaire greffier pour prêter le
« serment de fidélité envers la nation pour main-
« tenir l'égalité et la liberté. »

« Lequel arrêté a été rendu commun pour le département de la Haute-Loire, en conséquence qu'il
est très urgent de faire la publication dudit arrêté (1) .»

« ..... 30 Floréal (20 mai)..... Le citoyen
Brun a dit qu'en exécution de l'arrêté du citoyen
Reynaud, représentant du peuple, du 27 germinal
dernier, dûment publié et affiché, relatif à la pres-
tation du serment des filles connues sous le nom de

______

(1) 2me registre de Teyssier, curé.
(2) Ibid.

béattes, et attendu qu'aucune fille ne se présentait, il a mandé venir en cette séance Marguerite Jouve, Anne Bastet, Marianne Lèbre, et Anne-Marie Veyrier, habitantes ci-devant en la commune de Saugues-la-Montagne, et depuis peu en cette commune, seules connues sous ce nom, lesquelles rendues en la séance, nous ont rapporté qu'étant au chef-lieu de la commune de Saugues-la-Montagne, le 29 du présent mois où elles ont pris connaissance dudit arresté, elles se sont empressées de se rendre de suite en la maison communedudit Saugues-la-Montagne pour obéir et satisfaire audit arrêté, qu'elle offroit de le faire à nouveau s'il étoit nécessaire, de tout quoy avons dressé le présent procès-verbal (1). »

On voit bien par là, que tout ce qui pouvait se commettre dans la région, de désordres et d'impiétés était l'œuvre du district et l'exécution de ses arrêts persécuteurs ; on voit aussi, puisque les béates venaient se réfugier à Cubelles, qu'elle était le bon esprit de cette municipalité qui allait même bientôt prendre l'une d'elles pour institutrice de la commune :

« 20 Fructidor, an II (7 septembre, 1794). Considérant que l'installation des instituteurs ou institutrices mérite célérité.. il a été délibéré que le choix de l'instituteur ou de l'institutrice sera fait de suite, de même que le local qui est nécessaire pour les opérations de l'institutrice.

« En conséquence, le civisme reconnude l'institutrice qui s'est trouvée inscrite dans le registre ouvert à cet effet, qui est Anne Marie Veyrier, ci-devant régente d'école dans cette commune ainsy que la capacité requize par la loi, le conseil a délibéré que ladite Anne-Marie Veyrier est admise et nommée institutrice des jeunes républiquains et républiquaines de notre commune, et qu'elle jouyra du traitement accordé à elle par la loy en remplissant les conditions prescrites. »

« Le presbitaire demeure choisi et désigné pour l'enseignement public qui sera fait par lady institutrice, la municipalité demeurant authorizée à faire

______

(1) *Ibid.*

audit presbitaire les réparations nécessaires (1). »

Le surlendemain Anne-Marie-Veyrier, originaire de la commune de Grèzes, prêtait serment et entrait en fonctions.

On se défiait bien un peu, en haut lieu, du civisme de la municipalité de Cubelles. Celle-ci n'avait-elle pas fait conduire tout récemment aux administrateurs du département, pour les armées de la république, une vache de mauvaise qualité que l'on avait réformée et retournée aux envoyeurs ? Aussi on l'avait contrainte à acheter un bœuf à titre de compensation.

Les principaux habitants de la commune, Joseph, Jean-Pierre et Jean-Joseph Médard avaient été invités à se faire délivrer par le conseil un certificat de civisme, et Jean-Pierre Médard, agent national en cette commune, avait dû résigner ses fonctions.

La misère régnait cependant dans le pays, le grain se vendait fort cher, et des mesures de toute sorte, des lois vexatoires en rendaient la circulation plus difficile et compliquaient par là l'approvisionnement des communes plus déshéritées. Celle de Chanaleilles souffrait plus que toute autre de la période de cette époque. Aussi les administrateurs firent-ils tenir aux localités intéressées le décret suivant :

« Vu la pétition présentée par la commune de
« Chanaleilles, tendant à réclamer des secours en
« grains pour ensemencer les terres, l'agent national
« entendu, le conseil arrête :

« 1°. Que les communes de Venteuges, Cu-
« belles et Grèzes fourniront sans délai à celle de
« Chanaleilles la quantité de 200 cartons blé seigle
« et celle d'Esplantas et Vazeilles la quantité de
« 200 cartons aussi chacune. »

« 2° Le fourni sera payé au maximum, et livré
« à la municipalité de Chanaleilles qui en fera la
« distribution aux cultivateurs de son arrondisse-
« ment qui ont eu le malheur de perdre leur ré-
« colte.

(1) *Ibid.*

« .....Ledit arrêté, pour extrait conforme : La-
« zerme, Digonnet, secrétaire, a été notifié à la com-
« mune de Cubelles pour être exécuté selon sa
« forme et teneur ce quantidi 25me fructidor (12
« septembre) an II de la république, signé Panefieu,
« mére (*sic*), Portefaix Vacheron, et Médard, gref-
« fier (1). »

Les approvisionnements des marchés, à cause
de la pénurie toujours croissante, étaient insuffi-
sants : c'est pourquoi Cubelles, comme d'ailleurs
les paroisses avoisinantes, fut mis en réquisition
par le conseil de Saugues :

« Ce jour d'huy, 26 brumaire an III (17 novembre 1794) de la république françoise, une et indivisible, la municipalité assemblée au lieu ordinaire de
ses séances, Joseph Médard, secrétaire greffier, a
fait lecture d'une réquisition en date du 21me courant relatif à l'approvisionnement des marchés dudit Saugues pour la quantité de 25 livres burre et
autant de fromages et la quantité de cent œufs pour
chaque marché à commencer le 24 brumaire, et
ainsi continuant tous les marchés en suivant. »

« Ledit Médard a dit que pour faire fournir le dernier marché avoir requis la moitié des particuliers de
la commune et s'étoit donné luy-même la peine
d'aller dans chaque domicille pour engager amiable-
ment et par menace un chaqun pour porter le
contenu audit marché de ce qu'il les requéroit de
conformité à leur population et nombre de vaches
qu'il ont déclaré avoir lors du recensement fait par
les commissaires du Puy. »

« La majeure partie luy ayant dit ne pouvoir
porter audit marché ce qu'ils n'avoient pas pour
eux-mêmes, le jour du marché ledit Médard s'étant
donné la peine d'aller au bureau de la municipalité
de Saugues pour voir si la commune de Cubel'es
avoit fait droit à ses réquizitions, il c'est trouvé en
avoir aporté que 8 livres 2 onces burre et 9 livres
5 onces fromage, et 20 œufs, en place de 50 livres
burre ou fromage et 100 œufs, de sorte que l'on ne
peut faire moins que de présumer qu'il y a de la

(1) *Ibid.*

malveillance pour les uns ou de l'impossibilité pour
les autres, par conséquent il faloit prendre des moyens pour pouvoir faire remplir à chaque marché
la réquizition qui nous est donnée par la municipalité de Saugues. »

« L'agent national entendu le Maire a dit qu'il
faloit premièrement divizer la Commune en deux
sections égalles et chaqune fournir son marché.
La première section sera le lieu de Cubelles, le
Mont, Cubizolles, la Loubeire et les Moulins, icelle
pour fournir le premier marché, la seconde section
le lieu de Langlade, Fô, Besseget, Vedrinettes, le
Fraisse et la Pénide, icelle pour fournir le second
marché qui se trouvera le premier frimaire, et ainsi
pour continuer. »

« 2° Il sera nommé deux commissaires par chacune des dites sections pour ayder et assister l'agent
national, ces commissaires seront tenus à faire par
avance du marché l'avertissement à chacun de ce
qu'ils devront fournir audit marché et authorizés à
faire des recherches et vizites domiciliaires pour
savoir s'il n'y a pas d'accaparement ou malveillance dans le cas ou quelqu'un individu fut surpris,
lesdits commissaires seront tenus d'en donner avis
à l'agent national, ce dernier pour lors requerra un
ou deux gardes nationaux, lesquels placera chez
iceux à trente solz par jour et y resteront jusques à
concurrance que ces cuidant auront satisfait à leurs
réquizitions. »

« 3° Ces mêmes commissaires se transporteront à
chaque marché à Saugues pour voir ceux qui obéissent aux réquizitions et ceux qui ni ont pas obéi, de
tout quoy ils en donneront avis à l'agent national
pour que icelluy fasse les perquizitions nécessaires
sauf à ceux qui se trouveraient dans l'impossibilité,
d'aporter leurs raizons à la municipalité de Saugues,
pour et par iceux être déchargés de leurs réquizitions. »

« 4° Il sera livré une copie de la présente auxdits
commissaires, avec un état du recensement des vaches et population que chaque particulier a déclaré ;
par le moyen du recensement, les commissaires se
guideront pour fixer le montant d'un chaqun

qui sera tenu de donner proportionnellement. »

« 5° D'après lecture faite de ce dessus, le conseil général a nommé d'une voix unanime pour commissaires, savoir : pour la première section qui est Cubelles, etc... les citoyens Christophe Laurent et J. Gabriel Barlier : et pour la seconde section ,les citoyens Guill. Rozière et Barthellemy Dance... (1) »

Et pour mettre le comble aux difficultés que l'on avait de pourvoir aux approvisionnements du public, et affamer encore cette contrée, un bataillon de Phocéens était venu s'installer à Saugues. Mais la municipalité de cette ville, pour s'éviter des frais de nourriture et de logement, répartit cette troupe sur les communes voisines, et 21 hommes furent attribués à Cubelles. On doute que les habitants dussent goûter beaucoup l'honneur qui leur était fait. (24 novembre 1794).

Entre temps on réquisitionnait tous les bras valides de la commune pour brûler les plantes et les bois morts, dont les cendres devaient servir à la fabrication du salpêtre.

On s'occupait du partage des communaux : Langlade et Fô voulaient rester indivis.

Besseget et Védrinette attendaient le rapport de M. Hébrard.

Ceux du Fraisse, Cubizolles, la Loubeire et la Pénide allaient être divisés. (30 germinal an III, 20 avril 1795.)

« A cause des dégâts commis par elles, un arrêté
« ordonnait que les chèvres fussent abolies entière-
« ment de ladite commune et les propriétaires obli-
« gés de s'en défaire dans la quinzaine après la
« publication faite dudit arrêté au temple de la
« Raizor de ladite commune ».

C'est la seule fois où il soit fait mention dans les registres, du temple de la Raison. Les excentricités et les folies qui attristaient ces journées au chef-lieu, dégoûtaient les paisibles habitants des campagnes. Les travaux des champs ne leur laissaient pas le loisir de se livrer à ces extravagances. Aussi les délirantes conceptions des sans-culôttes n'arrivaient

(1) Registres de Cubelles.

dans ces campagnes reculées que comme un vague écho qui s'éteint, et la furie démagogique s'émoussait contre le calme bon sens de ces terriens.

Il en allait de même dans les paroisses voisines, et l'on a vu qu'à Venteuges le gendarme Margotta qui emmenait captif l'abbé Rongeyron, reçut de la main des femmes une correction méritée, et fut contraint d'abandonner son prisonnier.

De nouveaux décrets ayant été émis au sujet de l'instruction publique, Anne Marie Veyrier dut résigner les fonctions qui lui avaient été confiées et il fut procédé à une autre nomination.

Séance du 6 Frimaire, an III. (27 nov. 1794).

« Lecture faite de la loy sur l'organization de l'instruction publique, le conseil général de la commune de Cubelles, considérant que l'installation des instituteurs ou institutrices mérite célérité, il a été délibéré, après avoir ouï l'agent national, que le choix de l'instituteur sera fait de suite.... En conséquence, le civisme reconnu de l'instituteur qui s'est trouvé inscrit dans le registre ouvert à cet effet, qui est P. Michel Ferrand, dit Bertrand, ci-devant régent. des enfants du citoyen Médard ainsi que la capacité, requise par la loy, le conseil a délibéré que le susdit Ferrand, dit Bertrand, est admis et nommé instituteur des jeunes républicains et républicaines de notre susdite commune...... (1) »

On lui assigne pour local le presbytère, avec la jouissance du petit jardin de la Cure. Le dix Frimaire (1er octobre), ledit Ferrand, de Coubladour, commune de Loudes, prête serment devan. la municipalité avant d'entrer en fonctions.

Marianne Ranc de la Loubeire, réclame la succession de son frère :

« Au citoyen Piarret, représentant du peuple, en mission au département de la Haute-Loire.

« Vous remontre, Marianne Ranc, fileuze de laine, habitante de la Loubeyro, commune de Cubelles, qu'en qualité d'héritière de Christophe Ranc, son frère, ci-devant curé de Cubelles, suivant son

____
(1) *Ibid.*

testament du 21 septembre 1758, reçu Torrent,
il lui appartient tous les meubles et effets qui
étoient dans le ci-devant presbytère à l'époque du
décès de son frère, qu'ayant négligé de les retirer,
le citoyen juge de paix de Saugues auroit procédé
à l'inventaire et laissé à la garde d'un séquestre....
Ile se persuade que vous vous voudrois bien en
ordonner la main-levée à son profit... signé Ranc. »

« Vu la pétition ci-dessus ensemble le certificat
de la municipalité de Cubelles que lesdits meubles
et effets que réclame la pétitionnaire lui apparte-
noient, autorise la municipalité à les faire remet-
tre.... signé Piarret. »

« Au Puy, le 15 ventose an III (16 mars 1795) (1). »

A la demande du Conseil une cloche avait été
accordée à la commune de Cubelles :

« Sur la proposition faite par un membre qu'ayant
été accordé à notre commune une cloche qu'il
étoit urgent de la faire incessamment porter, que
pour cest effet les dépences à faire pour le trans-
port étoient considérables, il seroit à propos de
faire une liste de tous les citoyens qui gratuitement
voudront se faire inscrire..... sur quoy l'agent
national entendu, le Conseil général authorize la
municipalité à faire un état de tous les citoyens
qui se sont offerts de contribuer gratuitement à
ladite dépense jusqu'à concurrence de celle de 300
livres, icelle à divizer au marc la livre du montant
de leur contribution foncière en exceptant ceux
dont leur cote ne se porte que à la somme de vingt
solz... 18 ventose (19 mars 1795) (2). »

Laurent Brun donne sa démission de maire, pour
cause d'infirmité. Il est remplacé par Barthelemy
Dance, de Langlade, 6 prairial (26 mai 1795).

Les crises aiguës ne peuvent pas durer toujours.

Robespierre depuis longtemps était mort, et dans
la capitale depuis longtemps aussi les prisons ou-
vertes avaient rendu la liberté aux détenus, et la
guillotine avait cessé son œuvre sanglante. En pro-
vince on avait encore continué d'emprisonner les
suspects et de couper les têtes, pourtant l'accalmie

<hr>

(1 et 2) *Ibid.*

était enfin venue, même dans les lieux les plus reculés.

A Cubelles, on désirait depuis longtemps la liberté de revenir au culte et aux pratiques d'autrefois.

Au 25 juillet 1795, Vital Teissier avait repris ouvertement ses fonctions de curé. A ce jour, Joseph Médard et Barthelemy Dance, maire, demandent qu'il soit délibéré pour la fixation de son traitement.

Le lendemain on lui délivre un certificat de résidence :

« Certificat de résidance pour le citoyen Vital Teissier, prêtre et curé de cette commune de Cubels, prévenu d'émigration d'après la loy du 25 Brumaire an III.....

« ... Nous, maire et officiers municipaux et membres du conseil général de cette commune de Cubelles.... sur l'attestation des citoyens P. Dumas, J.-P. Hermet, Joseph Anglade, Joseph Jouve, Laurent Merle, Baptiste Merle, Barthelemy Cubizolles, J. Vidal, Médard et J.-P. Anglade, tous habitants de cette commune de Cubelles, que nous déclarons bien connaître, certiffions que Vital Teissier, âgé de 41 ans, taille de cinq pieds quatre pouces, six lignes, cheveux. et sourcils châtains, les yeux de même, figure ovale et marquée de petite vérole, a résidé dans cette commune depuis la fin de 1792, vieux stille, jusqu'à ce jour sans interruption, il s'est comporté de manière à ne point troubler l'ordre public, et a cherché au contraire à maintenir l'union et la tranquillité entre ses paroissiens, ce qu'il continue encore en exhortant le peuple à oublier les injures et à vivre en frères duquel certiffcat de résidance ledit citoyen Teissier a requis une expédition que lui avons délivrée pour lui servir au besoin... Dance, maire (1). »

Dudit jour le citoyen Christophe Laurent demande décharge des objets servant au culte, dont il avait été chargé et qu'il remet audit ci-devant curé.

(1) Reg. de Cubelles.

Le pasteur, nous l'avons dit, n'avait donc pas émigré.

Le 22 août il prête serment :

« Je soussigné, Vital Tessier, prêtre insermenté de la commune de Cubelles, désirant exercer le culte catholique, apostolique et romain en conséquence de la loy du 11 prairial et en conséquence de la lettre du citoyen Borne, procureur sindic du district du Puy, en date du 3 fructidor courant, demande acte à la municipalité de la soumission suivante : « Je soussigné, prêtre insermenté, pro-« mets soumission aux lois de la République, en « tout ce qui ne sera pas contraire à la religion « catholique, apostolique et romaine dans laquelle « je veux vivre et mourir »; de laquelle soumission nous, maire et officiers municipaux, lui avons donné acte pour lui valoir et servir en ce que de raison que nous avons signé avec ledit Teissier.

« Fait en maison commune, ce quatre fructidor an III de la République (1). »

L'église fut rendue au culte et les cérémonies purent se faire ouvertement.

Le premier mariage publié à la messe paroissiale est celui de François Privat, de Saugues, avec Marguerite Peyrelier, de Cubizolles, le 10 janvier 1797.

Dans les paroisses voisines, le bon; ordre ne s'était pas rétabli aussi rapidement :

« Le 5 février 1798, j'ai béni le mariage d'entre J. Florant, de Charenti, paroisse de Pébrac, avec Catherine Barthomeuf, de la Roufiage, avec le congé de Mᵉ Faurier, prieur dudit Pébrac, n'ayant pu les épouser lui-même à cause de la persécution, béni les parties en présence de J.-P. Roussel, dudit Charanti, Christophe Laurent et J.-P. Laurent son fils.... signé Teissier (2). »

Le fonctionnement régulier et le libre exercice du culte devaient subir encore des fluctuations diverses :

« L'an 1799, et le 24 janvier, n'ayant pu prudament publier le mariage d'entre Pierre Laurent

---

(1 et 2) Reg, de Cubelles.

et Marie Bringier, de Cubelles, les pouvoirs de dispense accordés par les administrateurs du diocèse le siège vacant, leur ai donné la bénédiction nuptiale. Teissier (1). »

Le même fait se reproduit encore le 5 février et le 11 mars de la même année, ainsi que le 18 février et 10 avril de l'an 1800.

Ce n'est que par le Concordat de 1801 que la situation fut réglée définitivement : alors le pasteur put exercer librement et ostensiblement les fonctions de son ministère.

En 1805 la cloche que l'on avait rendue à Cubelles fut mise en sa place dans le campanile. J. Page, charpentier de la Loubeyre, pour la somme de 105 francs, prit l'adjudication des matériaux, bois, fer, etc., pour l'installation au clocher de la susdite cloche.

Ces temps nouveaux n'avaient pas davantage inoculé aux habitants l'esprit militaire qui leur faisait défaut autrefois.

En brumaire et messidor de l'an XI, des certificats d'amnistie sont accordés aux déserteurs : Guill. Médard, âgé de 24 ans, conscrit de l'an VIII ; Jean-Laurent Merle, âgé de 31 ans ; J.-Claude Merle, âgé de 29 ans ; J.-P. Merle, de 27 ans, et J.-B. Médard, de 29 ans.

Un bon nombre de faits moins importants ont été passés sous silence qui eussent apporté à ces notes trop de longueur. Quelques autres qui sont communs à toute la région, comme l'application des mesures générales et des arrêtés multiples édictés par le district, le maximum, les impositions exceptionnelles, la dépréciation du papier, l'obligation de payer l'impôt partie en nature, partie en numéraire métallique, etc. seront mieux à leur place dans l'Historique de la Révolution au chef-lieu de canton, et, par suite, ne constitueraient ici qu'une inutile répétition.

(1) Reg. de Cubelles.

III.

Cubelles après la Révolution.

1º *Les desservants.*

L'apaisement définitivement venu, M. *Teissier* conserva la direction de la paroisse de Cubelles. Un vicaire lui avait été donné, nommé Doigi. En cette époque — et jusqu'en 1824 — tout ce mandement faisait partie du diocèse de Saint-Flour.

L'abbé Teissier mourut le 14 octobre 1812, à l'âge de 58 ans.

Son successeur M. *Vidal*, natif de Loudes, prit possession de la cure au mois de novembre de la même année, et mourut le 24 juillet 1843, à l'âge de 72 ans. Il laissait à la fabrique de Cubelles un pré dont le revenu devait être employé en messes pour le repos de son âme et en bonnes œuvres.

M. *Beaudoin*, originaire du Puy, fut nommé à Cubelles, vers la fin d'août 1843. La mort vint le frapper inopinément un jour que, monté à cheval, il allait à Cubizolles administrer un malade. C'était le 14 janvier 1869. M. Beaudoin avait alors 64 ans.

M. *Blanc*, le second curé que Loudes donnait à Cubelles, fut installé le 4 février. Son premier soin fut de faire à l'église et à la modeste demeure qu'est le presbytère, des réparations judicieuses, dont le besoin se faisait sentir.

Il décéda le 19 avril 1892.

Son successeur fut le titulaire actuel, M. Jean Pignol, de Saint-Cirgues, nommé le 28 mai 1892.

Nous devons à son obligeante communication une grande partie des documents qui ont servi à la confection de cette courte notice.

Ce qui frappe surtout, dans cette sommaire énumération, c'est, sinon la longévité, au moins la stabilité des pasteurs de Cubelles. Depuis Jean Marcellin, en 1601, — et que sait-on s'il n'en fut pas ainsi antérieurement? — ils ne viennent que pour passer là le reste de leur vie et mourir au milieu des fidèles qui leur ont été confiés. On trouverait peu de paroisses, qui comme celle-ci, durant trois siè-

cles consécutifs, aient gardé sans intermittence aucune, tous leurs curés jusqu'à leur mort.

2° *L'Eglise, les Cloches, les Croix.*

L'Eglise est un monument assez simple, assez
régulier à qui des remaniements successifs ont fait
perdre son caractère primitif.

Elle était probablement romane, l'arceau de la
nef semble l'indiquer, puis la reconstruction du
chœur et de la chapelle latérale en style ogival al-
térèrent l'unité de ses formes. Enfin, plus tard encore, la porte fut refaite à son tour, et probablement
aussi à cette même époque le campanile léger qui
surmonte le monument.

L'église est régulièrement orientée, mais la porte
est placée au sud.

« Cette disposition de la porte au sud serait ex-
ceptionnelle dans les plaines du centre de la France,
elle est au contraire normale dans nos montagnes,
et cela à cause du froid. »

« Dans la Haute-Loire, cette disposition est cons-
tante à l'époque romane (Chaspuzac, Vernassal,
Riotord, etc., etc.). Elle est également très fréquente
dans le Midi, et cela tient au mistral. »

« Quant à la porte elle-même, le profil prismati-
que des moulures, la pénétration des bases et des
cintres, la forme en anse de panier de ce dernier,
et la décoration de l'arc en accolade qui la surmonte
et des pinacles qui l'accostent la font croire du
premier quart du seizième siècle, et c'est également la date que l'on est tenté d'attribuer au campanile. Les clochers de ce genre sont très communs
dans le Velay. »

« Mais ce qui est plus rare, c'est cette toiture
débordante, recouvrant les contreforts, et dont la
sablière est supportée par des modillons de dimen-
sions insolites. Il y aurait à rapprocher cela d'une
disposition analogue remarquée dans un certain
nombre de maisons anciennes de Saugues et des
environs (1). »

(1) Nous devons cette note et celle sur les Croix,

Les Cloches.

Autrefois la sonnerie comptait quatre cloches, — un bien grand nombre pour une si petite paroisse, — aujourd'hui il y en a deux seulement. On a vu, comment, à la Révolution, trois des anciennes furent emportées au Puy, et une seule laissée à Saugues. Les deux qui occupent leur place au clocher, appartenaient-elles primitivement à cette paroisse, ou sont-ce déux cloches quelconques qui lui furent attribuées plus tard ? La première hypothèse semble préférable, à cause de l'image de Saint-Hilaire, dont elles portent l'empreinte.

Grande Cloche.

Inscriptions (1). L'an MCCCCCXXVI. *Christus rex venit in pase* (Caractères gothiques de huit centim.*)* *Te Deum,* sept fois répété, *Ave Maria.*

Ornements : Fleurs de lys. Croix de Malte. Effigies de la Sainte Vierge, de Saint Michel, de Saint Hilaire. Deux écussons et deux fleurs de lys dans un cercle.

Une Croix : au gradin inférieur. *Te Deum laudamus* ; au plus élevé, *Ave Maria.* Sur l'arbre de la Croix. *Sancte Michael.*

Seconde Cloche.

Inscriptions : *Defendat nos ab omnibus malis Jesus Nazarenus. Rex Judeorum Titulus triomphalis.*

L'an MCCCCCXVIII. *Te Deum* sept fois répété. Mêmes effigies que plus haut. Au-dessus un écusson portant trois chevrons. La couleur du champ et des chevrons n'est point indiquée.

à la bienveillante obligeance de M. Noël Thiollier, l'auteur du savant ouvrage « L'Architecture religieuse à l'époque romane dans l'ancien diocèse du Puy. »

(1) Ces inscriptions ont été relevées sur les registres de paroisse.

Les Croix.

Ce qu'il y a de plus curieux et de plus intéressant, ce sont les deux croix de l'église de Cubelles.

« La plus petite, — elle mesure 0,37, sur 0,17, — est certainement la plus ancienne, et on peut, sans inconvénient, la dater du xiii° siècle. Elle se compose d'une âme en bois, recouverte de minces lamelles d'argent travaillées au repoussé. La décoration de ces lamelles est à la fois sobre et élégante. Sur chaque bord règne une rangée de perles comprises entre deux filets en relief, tandis qu'au milieu on voit une série de quatre feuilles inscrite dans un losange. L'angle laissé vide à la rencontre des deux losanges contigus est occupé par une petite fleurette. »

« A l'intersection des deux bras de la croix se trouve une plaque aussi en forme de quatre feuilles sur laquelle on lit en caractères gothiques poinçonnés le mot P V Y, preuve que cette croix sort des ateliers de la capitale du Velay, ainsi {du reste que le plus grand nombre des autres objets d'orfévrerie existant encore dans l'ancien diocèse du Puy. »

« Cette décoration est identique sur les deux faces de la croix qui différent par les sujets représentés. D'un côté l'agneau pascal fixé sur la plaque qui occupe l'intersection des deux bras ; de l'autre on a ajouté manifestement après coup, une statue du Christ, en cuivre, qui ne paraît pas antérieure au xvii° siècle. »

« Aux pieds de cette statue, une ouverture circulaire encadrée d'ornements en forme de chaîne et recouverte d'un verre semble renfermer une parcelle de la vraie croix. »

« Dans le bas, enfin, un nœud sphérique ne fait pas partie du monument primitif. »

« La seconde croix, qui mesure 0,70 sur 0,33, est aussi de deux époques distinctes : le nœud décoré de têtes d'anges alternant avec des chutes de fleurs et de fruits paraît être de la fin du xvii° siècle, tandis que la partie supérieure présente les caractères d'une œuvre de la fin du xvi°

Croix de Cubelles

Elle est faite de deux fortes lames d'argent juxtaposées dos à dos mais séparées par un vide.

« A chaque extrémité se trouve une rose à quatre lobes, puis une fleur de lys d'aspect un peu massif. Entre chacune des roses la surface de la croix est couverte de rinceaux de feuillages. Le long de chaque bras on voit une série de crochets. Au sommet extérieur de chacune des roses se trouve un mascaron, motif qui se remarque à l'extrémité des bras extérieurs de la croix.

« Bien que la statue du Christ soit de proportions un peu grêles, le travail de cette œuvre est remarquable. »

Le poids de cette croix en 1650 était de quatre marcs et demi, soit approximativement 1125 grammes en langage plus moderne.

3° Aspect physique

La commune de Cubelles s'étend tout entière sur un plateau rocheux que sillonnent quelques plis et de légères dépressions. Sur les sommités, se profilent des bouquets de pins à l'éternelle verdure, un peu partout, des champs grisâtres dont la terre arable est de très légère épaisseur, et de vastes et maigres pacages éternellement tondus à ras par la dent vorace des moutons; dans les dépressions de vertes et fécondes prairies dont le gazon court et serré, donne un foin odorant d'excellente qualité. Çà et là, sur le bord des étroits chemins, au coin des champs, sur la lisière des bois, d'énormes blocs erratiques, aux formes arrondies, du granit le plus dur.

Sur ce sol granitique on ne récolte ordinairement que du seigle, de l'orge, de l'avoine, des pommes de terre, des raves et du foin. Ce n'est pas à dire que d'autres produits ne pussent y venir à point, mais la trop grande surface de terrain possédée par chacun, ne permet pas de donner à chaque parcelle les soins nécessaires pour un meilleur rendement.

En outre des pins qui sont l'essence la plus commune, on y trouve quelques frênes, atrocement défigurés par les coupes périodiques pratiquées par les indigènes, quelques chênes rabougris et des hêtres sur les rives de la Seuge. La Seuge, en effet, enserre au sud et à l'est cette commune et lui fait de ses berges escarpées un mur pour ainsi dire infranchissable. Rien n'est plus pittoresque et saisissant que cette rive, surtout dans la région de Notre-Dame d'Estours.

Ici ce sont d'énormes assises de roches vives, d'une hauteur effrayante, tantôt tranchées à pic, tantôt déchiquetées et dont la nudité stérile ne se revêt d'aucune plante, d'aucun arbuste. Là, des blocs innombrables, petits et grands, épandus en larges coulées, dont les interstices remplis d'humus, donnent l'hospitalité à quelques arbres élancés qui semblent se hausser pour dépasser les parois qui les emprisonnent. Au-dessous de Cubizolles, de soudaines dépressions produisent cette superbe chute qu'est la cascade dite du Luchadou, et de là les eaux torrentielles de la Seuge se précipient et bondissent de roche en roche jusqu'au lieu ù s'est bâtie l'usine d'électricité par qui Saugues s'éclaire aujourd'hui.

Il n'y a pas à Cubelles d'agglomération proprement dite : les maisons y sont groupées en villages dispersés en tous les coins du territoire, l'un sur une déclivité, l'autre caché dans un pli de terrain, d'autres enfin se faisant face aux deux extrémités d'une dépression et jetant un peu de vie sur ces sites monotones. Et pour les desservir d'étroits sentiers, de modestes chemins.

L'habitant n'a dans ses habitudes ni dans ses mœurs rien de particulier qui ne soit dans les mœurs et les habitudes des paroisses voisines.

On y remarque de patriarcales familles ou la piété et les vocations religieuses et sacerdotales y sont de tradition. Cette modeste paroisse s'honore en effet de compter aujourd'hui parmi ses enfants, huit prêtres, cinq ou six frères et un nombre encore plus considérable de religieuses de tous ordres. Le culte de la Sainte Vierge, serait-ce à cause de la proximité de Notre-Dame d'Estours ? s'y est bien conservé, et l'on trouve sa statue dans toutes les maisons.

Un usage particulier se garde encore, que l'on retrouve aussi à Servières, et probablement dans les paroisses voisines : c'est l'offrande du pain et du vin faite aux services funèbres, même à la quarantaine et aux anniversaires, et qui est, comme on le sait, une réminiscence, ou plutôt un reste de cette pieuse coutume qu'avaient autrefois les fidèles de participer aux saints mystères par l'offrande qu'ils faisaient de la matière nécessaire pour le divin sacrifice.

Malgré l'air pur et vivifiant de ces hauteurs, la longévité n'y est point extraordinaire, et l'on trouve peu de vieillards dépassant 80 ans.

Il n'y a point de grosses fortunes, dans cette commune où chacun est propriétaire, et où chacun demande au sol le pain de chaque jour ; ceux-là même qui ont les plus larges possessions à la ronde savent ce que la terre exige de fatigues et de sueurs pour donner une modeste aisance. Mais si elle ne donne pas la richesse, la terre garde l'homme sain : elle garde son corps vigoureux et alerte, elle conserve son âme croyante et fidèle à la religion de ses pères, la seule qui puisse consoler et rendre gaiement supportable la vie monotone et dure qu'est l'existence de l'homme des champs.

FIN

TABLE DES MATIÈRES

I

II

III

Le Puy. — Imprimerie catholique A. Prades-Freydier.